참 쉬운 영어책 시리즈

12시간 만에
끝내는
기초 영문법

장혜정 • 지니쌤 지음

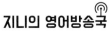

지니의 영어방송국

〈12시간 만에 끝내는 기초 영문법〉 지니쌤 동영상 강의

지니의 영어방송국 www.joyclass.co.kr

휴대폰 암기카드앱 다운로드

구글 스토어 또는 애플 앱스토어에서 '지니의 영어방송국'으로 검색

지니쌤 유튜브 강의

유튜브에서 '지니의 영어방송국'으로 검색

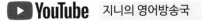

Prologue

안녕하세요.
〈12시간 영문법〉의 저자입니다.
정말로 12시간 만에 영문법을 마스터할 수 있을까요?
죄송하게도, 어쩌면 저는 거짓말을 하였습니다.
중고등학교 6년, 대학교 4년 동안에도 면을 트지 못해 데면데면했던 영어가 아무리 노력한들 12시간 만에 반가운 친구로 변신하여 짠~하고 나타날 리는 만무할 테니까요.

하지만, 저는 꼭 거짓말을 한 것은 아닙니다.
영어가 제아무리 복잡해 보여도 원리는 단순한 것에서 시작하기 때문입니다.
학습해야 할 순서와 핵심을 잘 정리할 수만 있어도 영어가 손도 못 대볼 만큼 어려운 녀석이 아니니까요.
과장을 조금 보태서 12시간이면 영어의 기본은 뗄 수가 있습니다.

저희는 영어의 핵심을 최대한 쉽고 빠르게 파악하기 위해 한영 방식의 학습을 선택했습니다.
우리말과 영어식 발상을 비교하면서 영어 문법의 원리를 빠르게 이해할 수 있고 무엇보다 덜 지루하고 심지어 재미있게 공부할 수 있습니다.

또한 기존 문법 설명의 A-Z를 과감히 떠어넘어 초보 학습지에게 꼭 필요한 문법 설명으로 단순화하였습니다. 사실 이 과정은 순탄하지만은 않았습니다.
많은 학습자를 직접 만나고 무수한 강의를 거치면서 설명해야 할 문법과 설명 방식 등을 고민하고 또 고민하여 이 책을 썼습니다.
부디 저희의 고민이 독자 여러분 한 분, 한 분께 닿아 빛이 되기만을 바랍니다.

이 책이 나오기까지 많은 도움을 주신 이윤정 님, 박응식 님께 감사의 마음을 전합니다.

장혜정·지니쌤

Construction

〈12시간 만에 끝내는 기초 영문법〉 교재에 대한 지니쌤 동영상 강의와 표현 복습을 위한 휴대폰 암기카드 앱을 활용해 보세요.

지니쌤 동영상 강의

지니의 영어방송국 사이트 www.joyclass.co.kr에서 〈12시간 만에 끝내는 기초 영문법〉의 지니쌤 동영상 강의(유료)를 보실 수 있습니다.

휴대폰 암기카드 앱

휴대폰의 구글 스토어 또는 애플 앱스토어에서 '지니의 영어방송국'으로 검색해서 암기카드 앱을 설치하세요. 교재에서 다룬 모든 표현을 앱을 통해 간편하게 암기하실 수 있습니다.

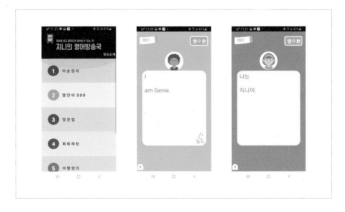

교재 〈12시간 만에 끝내는 기초 영문법〉은 크게 2단계로 구성되어 있습니다.

영문법 기본 개념 이해

1시간에 1개 문법 항목을 총 12시간에 걸쳐 학습할 수 있습니다.

문제를 통한 복습

〈혼자 해 보기〉 코너에서는 학습한 영문법의 기본 개념을 문제를 통해 복습합니다.

Contents

동사

"나는 변한다, 고로 나는 존재한다"

영어 문법의 시작과 끝은 동사라고 해도 과언이 아닙니다.
주요 문법 사항을 좌지우지하는 것이 동사이기 때문이에요.

지금부터 동사를 중심으로 영어 문법을 설명하려고 해요.
놀랍게도 12시간이면 핵심 문법을 다 학습할 수가 있습니다!

자, 준비되셨나요? 시작해 보죠!

동사에 대해 맨 먼저 알아야 할 것은 이 동사라는 녀석이 변화무쌍하다는
사실입니다.
동사가 변화한다?
아마 시제 변화를 떠올리기 쉬울 텐데요.
동사는 기본형에서 과거형, 과거분사형으로 3단 변화를 하죠.
(주어가 3인칭 단수일 때도 동사에 -(e)s를 붙이는 변화가 일어나지만 이는
대부분이 규칙변화라서 굳이 변화형을 별도로 암기할 필요가 없습니다.)

하지만, 시제 변화는 동사 변화의 일부분일 뿐이에요.
동사는 시제 변화 외에도 다양하게 변화합니다.

동사의 변신 1

다음 우리말을 보고 영어를 떠올려 보세요.

요리하다
요리했다
요리하고 있는
요리된
요리하기

위의 단어들 중 두 단어는 종결형 어미 '~다'로 끝나지만 나머지 단어는 그
렇지 않죠.
이렇게 우리말로 '~다'가 붙는 단어는 문장에서 동사 역할을 합니다.
영어로는 어떻게 표현할까요?

요리하**다**   cook
요리했**다**   cook**ed**

'요리하다'에 해당하는 cook을 기본형(원형)이라고 합니다.
'요리했다'는 과거형 동사인데 cooked로 나타냅니다.
우리말의 과거형 어미 '~했(다)'에 해당하는 역할을 영어에서는 －ed가 하
고 있네요.

'~다'로 끝나지 않는 나머지 단어들의 영어 표현을 살펴볼게요.

<u>요리하고 있는</u>	cook**ing**
<u>요리된</u>	cook**ed**
<u>요리하기</u>	**to** cook

'요리하고 있는'은 동사가 아닌데요.
우리말에서 보통 '-ㄴ'로 끝나는 말은 형용사로서 명사를 수식하는 역할을 해요.
'요리하고 있는 아빠'처럼요.
영어로는 cooking이 이와 비슷합니다.
cooking처럼 영어 기본형 동사 끝에 -ing를 붙이면 동사가 형용사로 변신해요.
이를 (동사의) 현재분사형이라고 합니다.
'요리하고 있는'과 마찬가지로 cooking은 동사가 아니라는 사실, 꼭 명심해야 합니다.

'요리된'은 '요리하고 있는'처럼 명사를 수식하는데 의미가 다르죠.
'요리된 감자'처럼 행위를 당한 상태, 즉 수동의 의미를 나타냅니다.
영어로는 기본형 동사 끝에 -ed를 붙여 cooked로 만들어 줍니다.
이를 (동사의) 과거분사형이라고 하며 과거분사는 수동 의미의 형용사라고 생각하면 돼요.
cooked 역시 동사가 아니에요.

그런데 과거분사의 -ed는 동사의 과거형에 붙는 꼬리와 같은 형태이군요.
이 둘은 모양은 같지만 과거형(→동사)과 과거분사형(→형용사)으로 성격이 완전히 다릅니다.

하나는 동사, 하나는 형용사이니 역할로 구분할 수밖에 없어요.
처음엔 어렵게 느껴질 수 있지만 공부를 계속하다 보면 둘을 구분할 수 있게 될 겁니다.

마지막으로 '요리하기'는 명사형입니다.
영어로 동사를 명사로 만들 때는 동사 앞에 to를 붙여 주면 돼요.
'요리하기'는 to cook이 되고 이런 형태를 to 부정사라고 부릅니다.

지금까지 살펴본 동사의 5가지 변화형을 정리해 볼까요?
기본형과 과거형(-ed), 현재분사형(-ing), 과거분사형(-ed), to 부정사형(to ~)이죠.
이 중에서 동사라고 부를 수 있는 것은 기본형과 과거형뿐입니다.
나머지는 동사가 형용사 또는 명사로 변신한 형태이고요.

이제 문장 형태로 연습해 볼게요.
아래 우리말 문장을 영어로 말해 보세요.

나는 요리한다.
나는 요리했다.
나는 요리하고 있다.
그것은 요리된다.
나는 요리하기를 좋아한다.

'요리한다'와 '요리했다'는 동사이기 때문에 앞에 주어만 연결하면 바로 문장이 됩니다.

나는 요리한다.	I cook.
나는 요리했다.	I cooked.

세 번째 문장은 "I cooking.(X)"으로 연결할 수 없어요.

앞서 cooking은 동사가 아니라 형용사라고 설명 드렸는데요.

문장에는 동사가 필요하기 때문에 "I cooking."은 문장이 될 수 없습니다.

이때 필요한 동사는 be 동사예요.

be 동사는 형용사와 짝을 이루어 '~(하)다'라는 동사적 의미를 완성해 줍니다.

주어가 I이니 이에 맞는 be 동사형 am과 cooking이 결합하여 am cooking이 '(내가) 요리하고 있다'라는 의미가 되는 것이죠.

나는 요리하고 있다.	I am cooking.

네 번째 문장의 '요리된다' 역시 "It cooked.(X)"라고 하면 안 됩니다.

'요리된다'라는 동사적 의미를 완성하려면 '요리된'의 cooked가 be 동사와 결합하여 be cooked가 되어야 해요.

주어가 '그것'으로 제시되었으니 이에 맞는 be 동사형 is와 cooked가 결합하여 is cooked가 되어야 합니다.

그것은 요리된다.	It is cooked.

다섯 번째 문장은 동사가 like입니다.

그리고 '요리하기'가 좋아하는 대상으로 제시되었네요.

'요리하기'는 to cook이니 like 뒤에 to cook을 써주면 '요리하기를 좋아한다'가 됩니다.

나는 요리하기를 좋아한다.　　　　　I like **to cook**.

동사의 변신 2

'먹다'라는 동사로 다시 한번 연습해 볼게요.
아래 우리말을 영어로 표현해 보세요.

먹다
먹었다
먹고 있는
먹힌
먹기

영어를 확인하세요.

먹다	eat
먹었다	**ate**
먹고 있는	eat**ing**
먹힌	eat**en**
먹기	**to** eat

주목할 것은 eat의 과거형으로 **eated(X)**가 아니라 ate가 쓰였다는 건데요.
대부분의 동사가 −ed를 과거형으로 갖지만 많은 동사들이 ate(먹었다)처럼
불규칙한 형태의 과거형을 갖기도 합니다.
불규칙 변화 동사들은 과거형뿐만 아니라 과거분사형도 불규칙한 형태로
쓰이는데 eat의 과거분사형은 eaten(먹힌)입니다.

즉, eat—ate—eaten으로 변화하죠.

-ing를 붙이는 현재분사형은 불규칙이 없으니 '먹고 있는'은 eating이에요. 명사로 쓰이는 to 부정사도 동사 앞에 to만 붙이면 되기 때문에 '먹기'는 to eat입니다.

문장으로 연습해 볼까요?

나는 먹는다.
나는 먹었다.
나는 먹고 있다.
그것은 먹힌다.
나는 먹기를 좋아한다.

세 번째와 네 번째 문장에서 be 동사를 빼 먹고 "I eating.(X)", "It eaten.(X)"이라고 하면 안 됩니다.
형용사는 be 동사를 만나야만 '~하다'라는 동사적 의미를 완성할 수 있어요. 네 번째 문장은 '먹히는' 것은 사람이 될 수 없기 때문에 주어를 it으로 써야겠네요.

전체 영문 확인해 볼게요.

나는 먹는다.	I eat.
나는 먹었다.	I ate.
나는 먹고 있다.	I am eating.
그것은 먹힌다.	It is eaten.
나는 먹기를 좋아한다.	I like to eat.

지금까지 소개한 동사의 다양한 형태와 역할에 대해서는 이어지는 수업들에서 보다 자세하게 설명할 예정입니다.

두 가지만 정리할게요.
동사는 형용사나 명사로도 변신할 수 있습니다.
형용사나 명사로 변신한 동사는 더 이상 동사가 아니기 때문에 반드시 다른 동사, 주로 be 동사가 필요합니다.

혼자 해 보기

STEP 1. 다음 영어 문장의 우리말 뜻을 적어 보세요.

1. I cook. _____

2. I cooked. _____

3. I am cooking. _____

4. It is cooked. _____

5. I like to cook. _____

6. I eat. _____

7. I ate. _____

8. I am eating. _____

9. It is eaten. _____

10. I like to eat. _____

ANSWERS
1. 나는 요리한다.   2. 나는 요리했다.   3. 나는 요리하고 있다.   4. 그것은 요리된다.
5. 나는 요리하기를 좋아한다.   6. 나는 먹는다.   7. 나는 먹었다.   8. 나는 먹고 있다.
9. 그것은 먹힌다.   10. 나는 먹기를 좋아한다.

혼자 해 보기

STEP 2. 주어진 우리말을 보고 빈칸에 알맞은 영어 단어를 적어 보세요.

1. 나는 요리한다.   I _____.
2. 나는 요리했다.   I _____.
3. 나는 요리하고 있다.   I am _____.
4. 그것은 요리된다.   It is _____.
5. 나는 요리하기를 좋아한다.   I like _____ _____.

6. 나는 먹는다.   I _____.
7. 나는 먹었다.   I _____.
8. 나는 먹고 있다.   I _____ _____.
9. 그것은 먹힌다.   It _____ _____.
10. 나는 먹기를 좋아한다.   I like _____ _____.

ANSWERS
1. cook   2. cooked   3. cooking   4. cooked   5. to cook   6. eat   7. ate   8. am eating
9. is eaten   10. to eat

혼자 해 보기

STEP 3. 주어진 우리말을 보고 영어로 말해 보세요.

1. 나는 요리한다.

2. 나는 요리했다.

3. 나는 요리하고 있다.

4. 그것은 요리된다.

5. 나는 요리하기를 좋아한다.

6. 나는 먹는다.

7. 나는 먹었다.

8. 나는 먹고 있다.

9. 그것은 먹힌다.

10. 나는 먹기를 좋아한다.

ANSWERS

1. I cook.   2. I cooked.   3. I am cooking.   4. It is cooked.   5. I like to cook.   6. I eat.
7. I ate.   8. I am eating.   9. It is eaten.   10. I like to eat.

동사 변화

"동사의 변신은 아름답다?"

영어 문법에서 동사가 중요하다고 말씀 드렸는데요.
그렇기에 변화형을 비롯한 동사의 형태를 파악하는 것이 중요합니다.

동사의 3단 변화형은 〈기본형 – 과거형 – 과거분사형〉이에요.
3단 변화형은 시제와 관련이 깊은데요.
기본형은 현재 시제를 나타내고 과거형은 과거 시제를 나타냅니다.
(주어가 3인칭 단수일 때는 현재 시제를 나타낼 때 기본형 동사에 – (e)s를 붙여요.)
과거분사형(pp)은 단독으로 동사로 쓰이지는 않고 be 동사와 결합하여 수동태(be + pp)를 만들거나 have와 결합하여 완료 시제(have + pp)라는 독특한 시제를 만들죠.

시제에 대해서는 다음 수업에서 설명 드리겠습니다.
여기서는 주요 불규칙 동사의 3단 변화형을 완전히 숙지하는 것을 목표로 하세요.

먼저, 규칙 변화에 대해 알아보죠.

동사의 규칙 변화는 과거형과 과거분사형 모두에 -ed를 붙이는 것입니다.

단 몇 가지 규칙적인 예외는 있어요.

규칙 변화 동사

대부분의 동사	기본형 + -ed	look—look**ed**—look**ed** (보다)
- e로 끝나는 동사	기본형 + -d	move—move**d**—move**d** (움직이다)
'자음 + y'로 끝나는 동사	y를 지우고 → -ied	study—stud**ied**—stud**ied** (공부하다)
'단모음 + 단자음'으로 끝나는 동사	끝자음 반복 + -ed	stop—stop**ped**—stop**ped** (멈추다)

불규칙 동사의 3단 변화

불규칙 변화 동사들은 뚜렷한 규칙 없이 개별 동사마다 다양하게 변화합니다.

따라서 암기가 답이지만 한꺼번에 다 외우지 못하더라도 불규칙 동사를 확인할 때마다 눈여겨보고 암기하기를 반복하여 최대한 익숙해져야 해요.

이번 수업에서 소개해 드리는 불규칙 동사들은 정말 많이 쓰이는 중요한 동사들이에요.

발사 직전 삼단 합체된 로켓처럼 꼭 통으로 암기해 두세요.

〈지니의 영어 방송국〉 휴대폰 앱을 활용하면 암기에 큰 도움이 될 거예요.

기본형	과거형	과거분사형	의미
am/is[be]	was	been	~이다, ~이 있다
are[be]	were	been	~이다, ~이 있다
become	became	become	되다
begin	began	begun	시작하다
bite	bit	bitten	물다
break	broke	broken	깨뜨리다
bring	brought	brought	가져오다
build	built	built	짓다, 세우다
buy	bought	bought	사다
catch	caught	caught	잡다
choose	chose	chosen	선택하다
come	came	come	오다
cut	cut	cut	자르다
do	did	done	하다
drink	drank	drunk	마시다
drive	drove	driven	운전하다
eat	ate	eaten	먹다
fall	fell	fallen	떨어지다
feel	felt	felt	느끼다
fight	fought	fought	싸우다
find	found	found	찾다
forget	forgot	forgotten	잊다
fly	flew	flown	날다

기본형	과거형	과거분사형	의미
freeze	froze	frozen	얼다, 얼리다
get	got	gotten [got]	얻다, 구하다
give	gave	given	주다
go	went	gone	가다
grow	grew	grown	자라다
have	had	had	가지다
hear	heard	heard	듣다
hide	hid	hidden	숨기다
keep	kept	kept	유지하다
know	knew	known	알다
leave	left	left	떠나다
lose	lost	lost	잃다
make	made	made	만들다
mean	meant	meant	의미하다
meet	met	met	만나다
pay	paid	paid	지불하다
put	put	put	두다
read	read	read	읽다
run	ran	run	달리다
say	said	said	말하다
see	saw	seen	보다
sell	sold	sold	팔다
send	sent	sent	보내다
sing	sang	sung	노래하다

기본형	과거형	과거분사형	의미
sit	sat	sat	앉다
sleep	slept	slept	자다
speak	spoke	spoken	말하다
spend	spent	spent	시간을 보내다
stand	stood	stood	서다
steal	stole	stolen	훔치다
take	took	taken	취하다
teach	taught	taught	가르치다
tell	told	told	말하다
think	thought	thought	생각하다
understand	understood	understood	이해하다
wear	wore	worn	입다
write	wrote	written	쓰다

혼자 해 보기

Step 1. **다음 동사의 과거형과 과거분사형을 쓰세요.**

기본형	과거형	과거분사형	기본형	과거형	과거분사형
am/is			hide		
are			keep		
become			know		
begin			leave		
bite			lose		
break			make		
bring			mean		
build			meet		
buy			pay		
catch			put		
choose			read		
come			run		
cut			say		
do			see		
drink			sell		
drive			send		
eat			sing		
fall			sit		
feel			sleep		

혼자 해 보기

fight			speak		
find			spend		
forget			stand		
fly			steal		
freeze			take		
get			teach		
give			tell		
go			think		
grow			understand		
have			wear		
hear			write		

ANSWERS

본문을 확인하세요.

시제

"먹는다, 먹었다, 먹을 것이다"

문장에서 시제를 나타내는 역할은 누가 할까요?
동사입니다!
동사가 문장의 시제를 나타내고 필요한 경우 시간 부사구가 함께 쓰여서 구체적 시점을 알려주죠.

영어 문장의 시제는 복잡하고 종류가 매우 많지만, 이 수업에서는 가장 많이 쓰이고 활용도가 높은 다섯 시제에 대해 집중적으로 공부해 보겠습니다. 이 다섯 시제만 확실하게 터득해도 웬만한 영어 문장은 자유자재로 만들어 낼 수 있을 거예요.

우선 흔히 시제를 떠올릴 때 생각나는 기본 시제가 있죠.
바로 과거, 현재, 미래 시제입니다.
여기에 영어의 독특한 시제인 현재 진행 시제와 현재 완료 시제를 더해서 다섯 종류입니다.

영어의 다섯 시제

아래 우리말 문장을 영어로 어떻게 말할까요?

나는 점심을 먹어.
나는 점심을 먹었어.
나는 점심을 먹고 있어.
나는 점심을 먹을 거야.
나는 막 점심을 먹었어.

시제를 중심으로 한 문장씩 영어 표현을 살펴볼게요.
첫 번째 문장은 '지금 점심을 먹고 있다'는 것이 아니라 '평소에 점심을 (거르지 않고) 먹는다'는 것을 의미하죠.
이렇게 지속적인 속성이나 반복되는 습관을 나타낼 때 현재 시제를 씁니다.
'지금 이 순간'이 아니라 '언제나 그렇듯이, 평소에'의 느낌이에요.
현재 시제는 동사의 기본형을 쓰고 주어가 3인칭 단수일 때만 기본형에
– (e)s를 붙여 줍니다.

[현재] 나는 점심을 먹어.   I **eat** lunch.

현재 시제를 좀 더 살펴볼게요.

나는 학교에 다닌다.   I **go** to school.
나는 매일 아침 조깅을 한다.   I **jog** every morning.

두 문장의 동사는 go, jog로 모두 현재 시제가 쓰였습니다.
현재 시제는 속성이나 습관을 나타내죠.

첫 번째 문장은 학교에 지속적으로, 반복적으로 가는 것이니 아마도 I는 학생인가 봅니다.

그래서 go to school은 '학교에 간다'보다는 '학교에 다닌다'라고 해석하는 게 좋아요.

두 번째 문장 역시 지금 조깅을 하고 있는 것이 아니라 매일 아침 반복적으로 조깅을 한다는 것이죠.

과거 시제로 넘어 갈게요.

[과거] 나는 점심을 <u>먹었어</u>.　　　　I **ate** lunch.

위 문장에서 '점심을 먹은' 것은 과거의 행위입니다.

과거 시제는 이렇게 과거의 상태나 과거에 일어난 일이며 현재와는 단절된 것을 나타냅니다.

과거 시제를 쓰면 '현재는 그렇지 않다'는 의미가 암묵적으로 표현되는 것이죠.

과거 시제는 이른바 동사의 3단 변화형 중에서 과거형을 써서 나타냅니다.

eat의 3단 변화형은 아시죠?

eat—ate—eaten입니다.

이 중 과거형 동사인 ate로 과거 시제를 나타냅니다.

시제에 유의하며 다음 문장을 확인하세요.

그는 작년에 <u>죽었다</u>.　　　He **died** last year.
우리는 친구<u>였다</u>.　　　We **were** friends.

첫 번째 문장에서 그 사람이 '죽은' 것은 과거에 일어난 일이므로 과거 시제로 표현했습니다.

두 번째 문장 역시 우리가 '친구였던' 것은 과거의 일입니다.

아마도 두 사람은 지금은 서로 연락이 끊겼거나 심하게 다퉈 얼굴을 안 보게 되었을 수도 있겠네요.

중요한 건, 지금은 친구 사이가 아니라고 말하고 있는 것이죠.

다음 시제는 현재 진행 시제입니다.

현재 시제가 (시간성이 약한) 지속적인 상황과 반복적인 습관을 나타낸다면 '지금'이라는 현재적 시점을 나타내는 시제가 필요하겠죠?

현재 진행 시제가 '지금 하고 있는 동작, 지금 일어나고 있는 일'을 나타냅니다.

형태는 〈be + 동사 – ing〉입니다.

[현재 진행] 나는 점심을 먹고 있어.　　　　　　I am eating lunch.

우리말 뜻 그대로 '~하고 있다, ~하는 중이다'에 해당하는 시제가 현재 진행 시제이죠.

현재 시제와 달리 일시적, 한시적으로만 일어나는 동작을 나타냅니다.

진행 시제를 쓸 때 be 동사를 빼고 – ing만 쓰면 안 된다는 거, 알고 계시죠?

"I eating.(X)"은 옳은 문장이 아니에요.

eating은 동사가 아니며 진행 시제를 나타내려면 반드시 be 동사와 결합해야 합니다.

다음 시제는 미래 시제입니다.

[미래] 나는 점심을 먹을 거야.   I **will eat** lunch.

미래 시제는 예정된 일 또는 앞으로 어떻게 하겠다는 의지를 나타내며 〈조동사 will + 동사 기본형〉 형태로 나타냅니다.
미래를 나타내는 동사형은 따로 없기 때문에 조동사 will이 반드시 필요해요.
그리고 조동사 will 뒤에 동사 원형을 쓴다는 점을 명심해야 합니다.
will 대신 be going to를 쓸 수도 있어요.

마지막으로, 완료 시제에 대해 알아볼게요.
완료 시제는 우리말과 딱 대응하는 시제가 없어서 어렵게 느껴질 수 있는데요.
현재 완료 시제는 과거와 현재가 연결된 느낌이라고 이해하시면 됩니다.
즉, 현재 완료 시제는 과거에 일어난 일이 현재에 영향을 미치고 있는 것이에요.
형태는 〈have + pp(과거분사)〉입니다.

[현재 완료] 나는 막 점심을 먹었어.   I **have eaten** lunch.

'점심을 먹은' 것은 과거의 일인데 현재와 어떻게 연결되는 걸까요?
앞서 배운 과거 시제와 비교해서 설명해 볼게요.
과거 시제인 "I **ate** lunch." 는 '(과거에) 점심을 먹었다'는 단순한 사실만을 나타냅니다.
현재와는 관계가 없고 그냥 과거에 일어난 일이죠.

하지만 현재 완료 시제인 "I **have eaten** lunch."는 '(과거에) 점심을 먹어서 (현재는) 배가 고프지 않다'는 의미를 내포하고 있어요.

혹은 '(과거에) 먹고 있던 점심을 이제 막 다 먹었다'는 현재의 상황을 나타내죠.

현재 완료 시제에서는 '밥을 먹었다'는 과거의 행동보다 '배가 고프지 않다', 또는 '밥을 다 먹었다'는 현재의 상황이 더 중요해요.

그래서 시제의 이름도 '현재 완료'입니다.

예문을 더 살펴볼게요.

| 지금 막 일을 끝냈다. | I **have finished** the work. |
| 그는 나를 떠나버렸다. | He **has left** me. |

첫 번째 문장은 어떤 일을 과거부터 해 오다가 지금 막 끝냈다는 뜻이에요.

두 번째 문장은 그가 과거에 떠나버려서 지금은 내 곁에 없는 상황에 대한 현재의 느낌을 반영합니다.

미련이든 원망이든 그리움이든, 그가 떠난 과거의 일이 현재에까지 영향을 미치고 있는 것이죠.

다섯 시제의 시간 개념을 간단히 정리해 볼게요.

시제	형태	의미
현재 시제	동사의 기본형	지속적·반복적인 일, 속성
과거 시제	동사의 과거형	과거의 일, 현재와의 단절
현재 진행 시제	be + 동사-ing	지금 (일시적으로) 하고 있는 동작
미래 시제	will + 동사의 기본형	미래의 일
현재 완료 시제	have + pp(과거분사)	과거의 일이 현재에 영향을 미치고 있음, 과거부터 현재까지 지속되고 있는 일

다른 문장으로 다섯 시제를 연습해 볼까요?
우리말 문장을 영어로 생각해 보세요.

나는 서울에 산다.
나는 서울에 살았다.
나는 서울에 살고 있다.
나는 서울에 살 것이다.
나는 서울에 쭉 살고 있다.

위의 우리말 문장을 영어로 옮길 때 영어 시제의 느낌은 이렇습니다.
현재 시제는 현재 서울에 살고 있는 상황을 나타내요.
과거 시제는 과거엔 살았지만 지금은 서울에 살지 않는 상황을 나타내죠.
현재 진행 시제는 지금 잠시 서울에 살고 있는 상황을 나타내고요.
미래 시제는 앞으로 서울에 살 것이라는 예정 혹은 다짐을 나타내요.
현재 완료 시제는 과거부터 지금까지 쭉 서울에 살고 있는 것을 나타냅니다.

영어를 확인해 볼게요.

나는 서울에 산다.	I **live** in Seoul.
나는 서울에 살았다.	I **lived** in Seoul.
나는 서울에 살고 있다.	I **am living** in Seoul.
나는 서울에 살 것이다.	I **will live** in Seoul.
나는 서울에 쭉 살고 있다.	I **have lived** in Seoul.

live의 진행 시제에 대해서는 부연 설명이 필요해요.
진행 시제는 일시적인 동작을 나타낼 때 쓰는 시제입니다.

그런데 사실 '산다(live)'는 행위 자체가 지속성이 있어서 동사 live는 일반적으로는 진행형으로 쓰지 않아요.
보통 우리가 어디에 산다고 말할 때는 지속적으로 머무르는 장소를 얘기하잖아요.
하지만 출장이나 긴 여행 등의 이유로 당분간만 일시적으로 서울에 살게 될 경우에는 진행형으로 나타낼 수 있습니다.

다섯 시제의 부정문

다섯 시제에 대해 좀 익숙해졌나요?
이제 응용 단계로 넘어가 보겠습니다.
먼저 부정문 연습입니다.

우리말을 영어로 표현해 보세요.

나는 점심을 안 먹어.
나는 점심을 안 먹었어.
나는 점심을 먹고 있지 않아.
나는 점심을 먹지 않을 거야.
나는 아직 점심을 먹지 않았어.

차례대로 영어 표현을 확인해 보겠습니다.

[현재] 나는 점심을 안 먹어.   I **don't eat** lunch.

                                [↰ I **eat** lunch.]

현재 시제의 부정문이므로 '평소에 점심을 먹지 않는다'는 의미입니다.

부정문의 기본 공식은 동사에 not을 붙이는 것인데요.

eat과 같은 일반 동사의 경우 동사에 바로 not을 붙이지 않기 때문에 조동사인 do 동사를 불러와서 여기에 not을 붙여야 합니다.

즉 일반 동사의 현재 시제 부정문에는 반드시 don't가 들어갑니다.

주어가 3인칭 단수라면 doesn't를 쓰고요.

[과거] 나는 점심을 안 먹었어.　　**I didn't eat** lunch.

　　　　　　　　　　　　　　　[↰ **I ate** lunch.]

과거 시제의 부정문에는 do 동사의 과거형인 did와 not을 연결해 didn't를 써 줍니다.

이때 주의할 것은, 긍정문에서 과거형이었던 동사 ate가 조동사 didn't 뒤에서는 원형이 된다는 사실이에요.

didn't ate(X)가 아니라 didn't eat이 됩니다.

did가 이미 과거를 나타내기 때문에 ate까지 과거로 쓸 필요가 없겠죠.

[현재 진행] 나는 점심을 먹고 있지 않아.　　**I'm not eating** lunch.

　　　　　　　　　　　　　　　　　　[↰ **I am eating** lunch.]

현재 진행 시제에는 be 동사가 포함되어 있습니다.

be 동사는 일반 동사와 달리 not을 바로 붙일 수 있기 때문에 현재 진행 시제의 부정문은 〈be not + 동사 − ing〉 형태가 됩니다.

be 동사는 주어에 맞게 활용해요.

그런데 eat이 일반 동사라서 그런지 "I don't eating.(X)"이라고 말하는 사람들이 많아요.

eating은 동사가 아니라고 여러 차례 말씀 드렸어요.

진행 시제의 동사는 be 동사이기 때문에 be 동사 뒤에 부정어 not을 붙여야 합니다.

꼭, 명심해 주세요.

[미래] 나는 점심을 먹지 않을 거야.   I **won't eat** lunch.

[↰ I **will eat** lunch.]

미래 시제는 조동사인 will에 not을 붙여 부정문을 만듭니다.

따라서 미래 시제의 부정은 will not인데 won't로 줄여 쓸 수 있어요.

[현재 완료] 나는 아직 점심을 먹지 않았어.   I **haven't eaten** lunch.

[↰ I **have eaten** lunch.]

현재 완료 시제는 〈have + pp(과거분사)〉로 조동사 have를 포함하고 있어요.

부정문을 만들 때는 have에 not을 붙여 〈haven't + pp〉가 됩니다.

이때 have는 '가지다, 먹다'라는 의미의 일반 동사가 아니에요.

따라서 have를 일반 동사로 착각해서 **don't have(X)**라고 하면 안 됩니다.

완료 시제를 만드는 have는 조동사이기 때문에 not을 바로 붙일 수 있어요.

다섯 시제의 부정문 형태를 정리할게요.

시제	부정문	예시
현재 시제	don't/doesn't + 동사의 기본형	don't/doesn't eat
과거 시제	didn't + 동사의 기본형	didn't eat

현재 진행 시제	be not + 동사-ing	am not eating isn't/aren't eating
미래 시제	will not(=won't) + 동사의 기본형	won't eat
현재 완료 시제	haven't/hasn't + pp(과거분사)	haven't/hasn't eaten

다섯 시제의 의문문

의문문의 기본 공식은 주어와 동사의 어순을 바꿔주는 것입니다.
다섯 시제의 의문문을 확인해 볼게요.
먼저 우리말 영작 연습입니다.

너는 점심을 먹니?
너는 점심을 먹었니?
너는 점심을 먹고 있니?
너는 점심을 먹을 거니?
너는 막 점심을 먹었니?

기본 시제부터 살펴볼게요.

[현재] 너는 점심을 먹니? **Do** you **eat** lunch?
[↰ I **eat** lunch.]

[과거] 너는 점심을 먹었니? **Did** you **eat** lunch?
[↰ I **ate** lunch.]

문장에 be 동사나 조동사는 없고 일반 동사 eat과 ate만 있는 현재와 과거 시제의 의문문에는 do 동사가 동원됩니다.

do 동사를 시제를 맞게 활용하여 현재 시제 의문문에는 do가, 과거 시제 의문문에는 did가 문장 맨 앞에 쓰여요.
현재 시제 의문문은 Do you ~?, 과거 시제 의문문은 Did you ~?가 됩니다.
조동사 do가 시제를 이미 나타내 주기 때문에 주어 you 뒤에 나오는 동사는 항상 원형 형태인 eat이 된다는 사실도 꼭 기억하세요.

[현재 진행] 너는 점심을 먹고 있니? **Are** you **eating** lunch?
[↳ I **am eating** lunch.]

[미래] 너는 점심을 먹을 거니? **Will** you **eat** lunch?
[↳ I **will eat** lunch.]

[현재 완료] 너는 막 점심을 먹었니? **Have** you **eaten** lunch?
[↳ I **have eaten** lunch.]

나머지 시제에는 be 동사나 조동사가 포함되어 있죠.
현재 진행 시제에는 be 동사가, 미래 시제에는 조동사 will이, 현재 완료 시제에는 조동사 have가 있습니다.
의문문을 만들 때는 이 조동사가 주어와 자리만 바꾸면 됩니다.
따라서 현재 진행 시제 의문문은 Are you ‒ing ~?, 미래 시제 의문문은 Will you ~?, 현재 완료 시제 의문문은 Have you pp ~?가 됩니다.

다섯 시제의 의문문 형태를 정리하며 길었던 시제 수업을 마무리하겠습니다.

시제	의문문	예시
현재 시제	Do you / Does she + 동사의 기본형	Do you eat ~? Does she eat ~?
과거 시제	Did you + 동사의 기본형	Did you eat ~?

현재 진행 시제	Are you / Is she + 동사-ing	Are you eating ~? Is she eating ~?
미래 시제	Will you + 동사의 기본형	Will you eat ~ ?
현재 완료 시제	Have you / Has she + pp	Have you eaten ~? Has she eaten ~ ?

혼자 해 보기

STEP 1. 다음 영어 문장의 우리말 뜻을 적어 보세요.

1. I eat lunch. _____

2. I ate lunch. _____

3. I am eating lunch. _____

4. I will eat lunch. _____

5. I have eaten lunch. _____

6. I don't eat lunch. _____

7. I didn't eat lunch. _____

8. I'm not eating lunch. _____

9. I won't eat lunch. _____

10. I haven't eaten lunch. _____

ANSWERS

1. 나는 점심을 먹어.　　2. 나는 점심을 먹었어.　　3. 나는 점심을 먹고 있어.　　4. 나는 점심을 먹을 거야.
5. 나는 막 점심을 먹었어.　　6. 나는 점심을 안 먹어.　　7. 나는 점심을 안 먹었어.
8. 나는 점심을 먹고 있지 않아.　　9. 나는 점심을 먹지 않을 거야.　　10. 나는 아직 점심을 먹지 않았어.

혼자 해 보기

11. Do you eat lunch? _____

12. Did you eat lunch? _____

13. Are you eating lunch? _____

14. Will you eat lunch? _____

15. Have you eaten lunch? _____

혼자 해 보기

1. 나는 점심을 먹어.　　　　　I _____ lunch.

2. 나는 점심을 먹었어.　　　　I _____ lunch.

3. 나는 점심을 먹고 있어.　　　I _____ lunch.

4. 나는 점심을 먹을 거야.　　　I _____ lunch.

5. 나는 막 점심을 먹었어.　　　I _____ lunch.

6. 나는 점심을 안 먹어.　　　　I _____ lunch.

7. 나는 점심을 안 먹었어.　　　I _____ lunch.

8. 나는 점심을 먹고 있지 않아.　I _____ _____ lunch.

9. 나는 점심을 먹지 않을 거야.　I _____ lunch.

10. 나는 아직 점심을 먹지 않았어. I _____ lunch.

ANSWERS

1. eat　　2. ate　　3. am eating　　4. will eat　　5. have eaten　　6. don't eat　　7. didn't eat
8. 'm not eating　　9. won't eat　　10. haven't eaten

혼자 해 보기

11. 너는 점심을 먹니?   _____ you _____ lunch?

12. 너는 점심을 먹었니?   _____ you _____ lunch?

13. 너는 점심을 먹고 있니?   _____ you _____ lunch?

14. 너는 점심을 먹을 거니?   _____ you _____ lunch?

15. 너는 막 점심을 먹었니?   _____ you _____ lunch?

ANSWERS

11. Do, eat   12. Did, eat   13. Are, eating   14. Will, eat   15. Have, eaten

혼자 해 보기

STEP 3. 다음 우리말을 보고 영어로 말해 보세요.

1. 나는 점심을 먹어.

2. 나는 점심을 먹었어.

3. 나는 점심을 먹고 있어.

4. 나는 점심을 먹을 거야.

5. 나는 막 점심을 먹었어.

6. 나는 점심을 안 먹어.

7. 나는 점심을 안 먹었어.

8. 나는 점심을 먹고 있지 않아.

9. 나는 점심을 먹지 않을 거야.

10. 나는 아직 점심을 먹지 않았어.

ANSWERS

1. I eat lunch.   2. I ate lunch.   3. I am eating lunch.   4. I will eat lunch.
5. I have eaten lunch.   6. I don't eat lunch.   7. I didn't eat lunch.   8. I'm not eating lunch.
9. I won't eat lunch.   10. I haven't eaten lunch.

혼자 해 보기

11. 너는 점심을 먹니?

12. 너는 점심을 먹었니?

13. 너는 점심을 먹고 있니?

14. 너는 점심을 먹을 거니?

15. 너는 막 점심을 먹었니?

ANSWERS

11. Do you eat lunch?　　12. Did you eat lunch?　　13. Are you eating lunch?

14. Will you eat lunch?　　15. Have you eaten lunch?

조동사

"동사를 돌보는 집사"

'조동사'의 한자 표현이 뭘까요? 助動詞입니다.
'동사' 앞에 쓰인 한자 '助(조)'는 '도와주다'란 뜻입니다.
영어로는 auxiliary인데 이 역시 '도움을 주는, 보조하는'이란 뜻입니다.
조동사는 이름에서부터 '동사를 도와주는' 녀석이네요.

문장에 조동사를 쓸 때 꼭 알아둬야 할 두 가지 규칙을 먼저 알려 드릴게요.

① 조동사는 동사 앞에 쓰입니다.
② 조동사 뒤에 오는 동사는 반드시 기본형(원형)이 됩니다.

예를 들어 볼게요.

    She **works** with me.   그녀는 나와 함께 일한다.
→ She **will work** with me.   그녀는 나와 함께 일할 것이다.

미래를 나타내는 조동사 will이 동사 work 앞에 쓰였습니다.
동사 work은 주어가 3인칭 단수임에도 원형 형태인 work으로 쓰였네요.
조동사 will은 3인칭 단수 주어의 영향을 받지 않는 점도 눈여겨보세요.

영어의 주요 조동사

조동사는 동사를 어떻게 돕는다는 걸까요?
조동사는 동사가 갖는 기본적인 의미에 '느낌'이나 '뉘앙스'를 더해 줍니다.
조동사를 통해서 보다 섬세한 표현이 가능해지는 것이죠.
우리말로 먼저 설명해 볼게요.

그는 그녀를 도와.
그는 그녀를 도울 거야.　　　→ 미래
그는 그녀를 도울 수 있어.　→ 능력, 가능함
그는 그녀를 도와야 해.　　　→ 의무, 필요
그는 그녀를 도울지도 몰라. → 추측

위 문장들을 조동사를 활용해 하나씩 영어로 표현해 보겠습니다.
먼저 첫 번째 문장과 비교해 보면 두 번째 문장에는 '미래'의 의미가 포함되어 있어요.
우리말로 '~할 것이다'라는 미래 표현에 해당하는 역할을 영어에서는 조동사 will이 담당합니다.

그는 그녀를 도와.　　　　　　　He helps her.
그는 그녀를 도울 거야.　　　　　He **will** help her.

세 번째 문장에서 '~할 수 있다'는 것은 영어로는 can으로 나타냅니다.
조동사 can은 '능력'이나 '가능함'의 뜻을 더해 주죠.

그는 그녀를 도울 수 있어.   He **can** help her.

네 번째 문장으로 넘어갈까요?
영어에서 '의무, 필요'를 나타내는 조동사는 should입니다.

그는 그녀를 도와야 해.   He **should** help her.

조동사 must도 '~해야 한다'의 의미인데 should보다 강도가 훨씬 셉니다.
should가 충고의 느낌이라면 must는 강압이나 규칙 등에 의해 반드시 해야
하는 일에 쓰이죠.

마지막 다섯 번째 문장에는 '추측'의 의미가 더해져 있습니다.
영어로는 조동사 may가 일반적으로 '추측'을 나타냅니다.

그는 그녀를 도울지도 몰라.   He **may** help her.

모든 문장에서 조동사 뒤에 쓰인 동사가 helps가 아니라 원형인 help인 점도
다시 확인하세요.

조동사의 쓰임을 표로 정리해 볼게요.

조동사	의미	우리말 뜻
will	미래	~할 것이다
can	능력, 가능함	~할 수 있다

should, must	의무, 필요	~해야 한다
may	추측	(아마도) ~할지도 모른다

조동사가 포함된 문장의 부정문

아래 우리말 부정문을 영어로 말해 보세요.

그는 그녀를 돕지 않아.
그는 그녀를 안 도울 거야.
그는 그녀를 도울 수 없어.
그는 그녀를 도우면 안 돼.
그는 그녀를 돕지 않을지도 몰라.

영어의 부정문을 만들 때는 동사에 not을 붙입니다.
첫 번째 문장에는 조동사 표현이 없기 때문에 부정문을 만들 때 조동사 don't가 필요해요.
조동사 do는 일반 동사의 부정문이나 의문문을 만들 때 반드시 필요한 조동사입니다.

그런데 조동사 do는 다른 조동사들과 다른 점이 있어요.
문법적인 기능만 하고 의미를 갖지 않으며(해석되지 않으며), 주어가 3인칭 단수일 때는 does라는 변화형으로 쓰이죠.
다른 조동사는 주어에 따라 모양이 변하지 않아요.

그는 그녀를 돕지 않아.   He **doesn't**(=does not) help her.

주어가 3인칭 단수인 He이기 때문에 doesn't가 활용되었습니다.
다른 조동사들과 마찬가지로 doesn't 뒤에는 동사의 기본형이 오죠.

일반적인 조동사가 포함된 문장의 부정문은 어떻게 만들까요?
동사에 not을 붙인다는 일반 원칙을 적용해 조동사에 not을 붙입니다.
축약형이 있는 경우도 있죠.
이때 뒤에는 기본형 동사가 자리를 지킵니다.

그는 그녀를 안 도울 거야.	He **won't**(=will not) help her.
그는 그녀를 도울 수 없어.	He **can't**(=cannot) help her.
그는 그녀를 도우면 안 돼.	He **shouldn't**(=should not) help her.
그는 그녀를 돕지 않을지도 몰라.	He **may not** help her.

대부분의 조동사는 not과 결합한 축약형이 있습니다.
won't, can't, shouldn't 등이죠.
다만 조동사 may not은 축약형이 따로 없고 조동사 can은 부정어와 결합할
때 축약형 can't를 쓰거나 cannot으로 붙여서 씁니다.

조동사가 포함된 문장의 의문문

의문문 만드는 방법 기억나시나요?
우리말을 먼저 보여 드릴게요.

그는 그녀를 돕니?
그는 그녀를 도울 거니?
그는 그녀를 도울 수 있니?

그는 그녀를 도와야 하니?

영어의 의문문은 주어와 동사가 어순을 바꾸어 〈동사 + 주어〉로 문장을 시작합니다.
다만 일반 동사만 있는 문장에는 do 동사가 나타나서 주어 앞으로 나가죠.
주어가 3인칭 단수이면 does가 쓰입니다.

그는 그녀를 돕니?　　　　　　　　**Does he** help her?

조동사가 포함된 의문문도 일반 원칙을 따라 조동사와 주어가 자리바꿈을 하여 의문문을 만들어요.
이때 조동사 뒤에 있던 원형 동사는 변화 없이 자리를 지킵니다.

그는 그녀를 도울 거니?　　　　　**Will he** help her?
그는 그녀를 도울 수 있니?　　　　**Can he** help her?
그는 그녀를 도와야 하니?　　　　**Should he** help her?

추측을 나타내는 may는 의문문으로 쓰이지 않아요.
조동사 may가 의문문으로 쓰이면 추측이 아닌 다른 의미가 돼요.

조동사의 쓰임을 정리할게요.
조동사의 위치는 동사의 앞이며 조동사가 앞에 오면 동사는 원형이 되어야 해요.
조동사의 존재 이유는 동사에 미래, 가능, 의무 등의 의미를 더해 주는 것입니다.
조동사의 부정문은 조동사 뒤에 바로 not을 쓰고 의문문을 만들 때는 조동사로 시작해 뒤에 주어를 써주면 됩니다.

혼자 해 보기

STEP 1. 다음 영어 문장의 우리말 뜻을 적어 보세요.

1. He helps her. _____

2. He will help her. _____

3. He can help her. _____

4. He should help her. _____

5. He may help her. _____

6. He doesn't help her. _____

7. He won't help her. _____

8. He can't help her. _____

9. He shouldn't help her. _____

10. He may not help her. _____

ANSWERS

1. 그는 그녀를 도와.   2. 그는 그녀를 도울 거야.   3. 그는 그녀를 도울 수 있어.
4. 그는 그녀를 도와야 해.   5. 그는 그녀를 도울지도 몰라.   6. 그는 그녀를 돕지 않아.
7. 그는 그녀를 안 도울 거야.   8. 그는 그녀를 도울 수 없어.   9. 그는 그녀를 도우면 안 돼.
10. 그는 그녀를 돕지 않을지도 몰라.

혼자 해 보기

11. Does he help her? _____

12. Will he help her? _____

13. Can he help her? _____

14. Should he help her? _____

혼자 해 보기

1. 그는 그녀를 도와. He _____ her.

2. 그는 그녀를 도울 거야. He _____ _____ her.

3. 그는 그녀를 도울 수 있어. He _____ _____ her.

4. 그는 그녀를 도와야 해. He _____ _____ her.

5. 그는 그녀를 도울지도 몰라. He _____ _____ her.

6. 그는 그녀를 돕지 않아. He _____ _____ her.

7. 그는 그녀를 안 도울 거야. He _____ _____ her.

8. 그는 그녀를 도울 수 없어. He _____ _____ her.

9. 그는 그녀를 도우면 안 돼. He _____ _____ her.

10. 그는 그녀를 돕지 않을지도 몰라. He _____ _____ her.

ANSWERS

1. helps 2. will help 3. can help 4. should help 5. may help 6. doesn't help
7. won't help 8. can't help 9. shouldn't help 10. may not help

혼자 해 보기

11. 그는 그녀를 돕니?   _____ _____ help her?

12. 그는 그녀를 도울 거니?   _____ _____ help her?

13. 그는 그녀를 도울 수 있니?   _____ _____ help her?

14. 그는 그녀를 도와야 하니?   _____ _____ help her?

ANSWERS

11. Does he   12. Will he   13. Can he   14. Should he

혼자 해 보기

STEP 3. 주어진 우리말을 보고 영어로 말해 보세요.

1. 그는 그녀를 도와.

2. 그는 그녀를 도울 거야.

3. 그는 그녀를 도울 수 있어.

4. 그는 그녀를 도와야 해.

5. 그는 그녀를 도울지도 몰라.

6. 그는 그녀를 돕지 않아.

7. 그는 그녀를 안 도울 거야.

8. 그는 그녀를 도울 수 없어.

9. 그는 그녀를 도우면 안 돼.

10. 그는 그녀를 돕지 않을지도 몰라.

ANSWERS

1. He helps her.　2. He will help her.　3. He can help her.　4. He should help her.
5. He may help her.　6. He doesn't help her.　7. He won't help her.　8. He can't help her.
9. He shouldn't help her.　10. He may not help her.

혼자 해 보기

11. 그는 그녀를 돕니?

12. 그는 그녀를 도울 거니?

13. 그는 그녀를 도울 수 있니?

14. 그는 그녀를 도와야 하니?

ANSWERS

11. Does he help her?   12. Will he help her?   13. Can he help her?
14. Should he help her?

전치사

"명사 앞으로!"

전치사(前置詞)의 한자 의미를 풀이하면 '앞에 쓰이는 말'이라는 뜻입니다.
무엇의 앞에 쓰이는 지가 중요한데요. 바로 명사입니다.
전치사는 명사 앞에 쓰여서 명사에 다양한 의미를 더하는 녀석이에요.

우리말과 비교해 볼게요.

쇼핑몰에서	**at** the mall
쇼핑몰로	**to** the mall
쇼핑몰 옆에	**by** the mall

명사 뒤에 붙어서 활용되는 우리말 조사와 유사한 역할을 영어의 전치사가
하는 것을 알 수 있어요.
다른 점은 조사는 후치사(後置詞), 즉 명사 뒤에 쓰이지만 영어의 전치사는
명사 앞에 쓰인다는 점입니다.

전치사의 의미와 쓰임은 섬세하고 주관적인 면이 있어서 비영어권 학습자들이 세세한 뉘앙스 차이까지 파악하기가 쉽지 않아요.

일단 전치사별로 기본적인 의미를 이해한 후 주요 전치사들의 쓰임을 큰 틀에서 구분하는 것을 학습의 목표로 삼아도 좋겠습니다.

[장소·시간의 전치사] in, at, on

다음 우리말을 영어로 표현해 보세요.

버스 정류장<u>에</u>
잔디 <u>위에</u>
서울<u>에</u>

모두 장소를 나타내는 우리말 조사 '~에'가 쓰였는데요.

영어로는 at, on, in 등의 각각 다른 전치사로 표현됩니다.

at, on, in은 장소를 나타내는 명사와 함께 쓰이는 대표적인 '장소 전치사'예요.

그런데 말하는 사람이 그 장소를 어떻게 느끼느냐에 따라 전치사 선택이 달라질 수 있어요.

at이 장소를 가장 좁게 표현하고, on은 공간을 평면으로 느끼는 것이며, in은 공간을 입체적으로 느끼기 때문에 상대적으로 장소를 넓게 생각할 때 쓰여요.

at 〈 on 〈 in 의 느낌이라고 보면 됩니다.

따라서 영어로는 이렇게 표현합니다.

버스 정류장에	**at** the bus stop	→ 현재 위치가 버스 정류장임
잔디 위에	**on** the grass	→ 잔디를 밟고 서 있음
서울에	**in** Seoul	→ 서울이라는 공간에 존재함

아래 두 표현을 비교해 보세요.

| 부엌에 | **at** the kitchen   vs.   **in** the kitchen |

kitchen(부엌) 앞에 전치사 at과 in이 각각 쓰였으며, 두 표현이 모두 맞습니다.
전치사의 쓰임에 주관적인 면이 있다고 앞서 설명을 드렸는데요.
두 표현은 말하는 사람의 (주관적) 의도가 다름을 나타내요.

"Where is mom? (엄마는 어디 계셔?)"이라는 질문에 "At the kitchen."이
라고 답한다면 단순히 엄마의 '현재 위치'를 나타내는 답변이 됩니다.
한편, "In the kitchen."이라고 답하는 사람은 엄마가 부엌이라는 '공간'에
있음을 강조함으로써 엄마가 그 공간에서 어떤 일을, 예를 들면 요리 같은
일을 하고 있음을 암시하게 돼요.

표와 그림으로 다시 정리해 볼게요.

전치사	장소에 대한 느낌	쓰임
at	공간을 점으로 느낌 → **가장 좁은 장소**	현재 위치
on	공간을 평면으로 느낌 → **좁은 장소**	발을 딛고 있는 장소
in	공간을 입체적으로 느낌 → **넓은 장소**	(활동) 공간

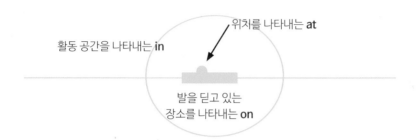

at, on, in은 또한 대표적인 '시간 전치사'이기도 합니다.
장소에 대한 세 전치사의 느낌은 시간에도 유사하게 적용돼요.

우리말을 제시할게요. 영어로 표현해 보세요.

8시에
월요일에
4월에

영어로 어떤 전치사를 쓸지 감이 오나요?
장소에서 그랬던 것처럼, at 〈 on 〈 in 의 느낌으로 시간이 확장됩니다.
점으로 나타낼 수 있는 시각 앞에는 at이, 그보다 긴 하루의 시간에 해당하는 요일 앞에는 on이, 그보다 훨씬 긴 한 달에 해당하는 월 앞에는 in이 쓰입니다.

8시에	**at** 8 o'clock
월요일에	**on** Monday
4월에	**in** April

예문을 좀 더 살펴볼게요.

정오에	**at** noon
내 생일에	**on** my birthday
2022년에 / 여름에	**in** 2022 / **in** Summer

시간 전치사는 장소 전치사보다 주관적 쓰임의 여지가 적고 쓰임이 고정되어 있어요.
따라서 자주 활용되는 용례를 익혀서 바로 활용할 수 있습니다.

마지막으로 표와 그림으로 정리해 봅시다.

전치사	시간에 대한 느낌	쓰임
at	점처럼 느껴지는 짧은 시간	시각
on	조금 더 확장된 시간, 특정한 어느 날	요일, 날짜
in	가장 확장된 시간	월, 연도, 계절 등

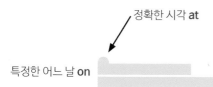

정확한 시각 **at**

특정한 어느 날 **on**

긴 시간 **in**

[시간 전치사] from, to, since, for, during

시간을 나타내는 전치사들을 좀 더 살펴보시죠.
아래 우리말 예문들을 영어로 생각해 보세요.

아침부터 저녁까지
2018년 이후로 (지금까지)
10년 동안
겨울 동안

첫 번째 예문에서 시작 시점을 나타내는 '~부터'는 전치사 from, 종료 시점을 나타내는 '~까지'는 전치사 to로 나타냅니다.
주로 'from A to B'로 쓰이고 'A에서 B까지'라는 뜻이에요.

두 번째 우리말 예문을 보면 시작 시점은 있는데 종료 시점이 없습니다.
어떤 상황이 종료되지 않고 지금까지 계속되고 있는 것이니까요.
이럴 때 기준 시점을 나타내는 전치사는 since입니다.
전치사 since는 어떤 상황이 아직 계속되고 있을 때 그 시작 시점을 나타내며 '~이후로 (지금까지)'의 뜻입니다.
from과 비교하면, from은 단순히 시작 시점만을 나타내기 때문에 since와 쓰임이 완전히 다릅니다.

아침부터 저녁까지   **from** morning **to** evening
2018년 이후로 (지금까지)   **since** 2018

세 번째와 네 번째 예문에는 우리말로 '~동안'이라는 표현이 쓰였는데요.
영어로는 다른 전치사로 표현됩니다.

10년 동안	**for** 10 years
겨울 동안	**during** the winter

전치사 for와 during은 '~동안'의 뜻으로 기간을 나타내지만 쓰임이 좀 달라요.

for는 주로 '숫자'로 명시되는 정확한 기간 앞에 쓰이고, during은 구체적 기간은 알 수 없는 '(기간을 나타내는) 명사' 앞에 쓰입니다.

예를 들어, for 10 years는 '10년 동안'이라는 구체적 기간이에요.

하지만 '겨울 동안'이라는 뜻의 during the winter는 지역이나 기후대에 따라 겨울의 기간이 다를 수 있으니 한 달인지 두 달인지 정확한 기간을 알 수는 없어요.

이렇게 구체적 기간에는 for를, 상황에 따라 다를 때는 during을 씁니다.

다섯 전치사의 쓰임을 표와 그림으로 정리해 보겠습니다.

전치사	시간에 대한 느낌	의미
from	출발 시점, 시작 시점	~부터
to	도착 시점, 종료 시점	~까지
since	시작 시점만 있고 종료 시점은 없음 (지금까지 계속되고 있음)	~이후로 쭉 (지금까지)
for	구체적 기간 * 주로 숫자와 함께 쓰임	~동안
during	기간을 정확히 알 수 없음 * 주로 기간을 나타내는 명사와 함께 쓰임	~동안

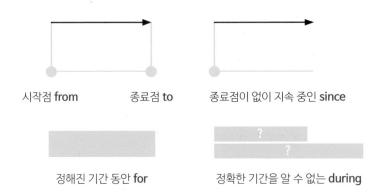

시작점 **from**　　　종료점 **to**　　　종료점이 없이 지속 중인 **since**

정해진 기간 동안 **for**　　　정확한 기간을 알 수 없는 **during**

[시간 전치사] before, after

아래 예문들을 영작해 보세요.

점심 전에
3시간 후에

익숙한 전치사들이 떠오르나요?
영어를 확인하세요.

점심 전에　　　　　　**before** lunch
3시간 후에　　　　　　**after** 3 hours

이미 알고 있는 쓰임과 의미 그대로입니다.
before는 기준 시간보다 '이전'을, after는 '이후'를 나타내죠.
전치사이기 때문에 기준이 되는 명사 앞에 쓰입니다.

	시간에 대한 느낌	의미
before	특정 시간보다 이전	~전에
after	특정 시간보다 이후	~후에

이전의 시간 **before**

이후의 시간 **after**

[장소 전치사] out of, into, off

이번에는 장소 전치사에 대해 알아볼게요.
영작해 보세요.

집 밖으로
차 안으로
침대에서 떨어져

먼저, 전치사 out of는 '~(에서) 밖으로' 이동하는 것을 나타냅니다.
뒤에 오는 장소는 나가는 장소가 되죠.
전치사 in은 안에 있는 상황을 나타내고 '~(에서) 안으로' 이동하는 것을 나타낼 때는 전치사 into를 씁니다.
따라서 뒤에 오는 장소는 들어가는 장소이죠.

마지막으로 전치사 off는 갑작스럽게 무언가와 '분리되는' 느낌이에요.
예를 들어 자다가 침대에서 떨어져 침대와 분리되거나, 자전거를 타다가 떨어져서 자전거와 분리되는 경우에 쓸 수 있어요.

영어를 확인할게요.

집 밖으로	**out of** the house
차 안으로	**into** the car
침대에서 떨어져	**off** the bed

각 전치사의 의미를 표와 그림으로도 확인하세요.

	장소에 대한 느낌	의미
out of	어느 장소의 안에서 밖으로 (이동)	~밖으로
into	어느 장소의 밖에서 안으로 (이동)	~안으로
off	갑작스러운 분리	~에서 떨어져

안으로 들어감 into
밖으로 나감 out of

분리의 off

[장소 전치사] down, up, over, under

이번에도 장소 전치사입니다.
우리말부터 보여 드릴게요.

계단 <u>아래로</u>
언덕 <u>위로</u>
무지개 <u>너머에</u>
탁자 <u>아래에</u>

영어로 위, 아래 움직임을 나타내는 말은 up과 down이에요.
전치사 down과 up은 각각 '아래(쪽으)로', '위(쪽으)로'입니다.
전치사이기 때문에 뒤에 장소 명사가 와서 어떤 대상의 위로 오르거나 아래로 내려가는 상황을 나타내죠.

계단 <u>아래로</u>   **down** the stairs
언덕 <u>위로</u>   **up** the hill

'~너머'와 '~아래에'는 over와 under로 나타낼 수 있는데요.
전치사 over와 under는 각각 '(위치가) 더 위쪽에', '(위치가) 더 아래쪽에'의 느낌입니다.
over는 또한 어떤 대상의 위쪽에서 이동하는 것을 나타내기도 합니다.
예를 들어 비행기가 산 위로 날아가는 것처럼요.

무지개 <u>너머에</u>   **over** the rainbow
탁자 <u>아래에</u>   **under** the table

정리해 볼게요.

	장소에 대한 느낌	의미
down	아래쪽에, 아래쪽으로	~아래로
up	위쪽에, 위쪽으로	~위로
over	(위치 상) 위쪽에	~너머에
under	(위치 상) 아래쪽에	~아래에

[장소 전치사] through, around, along, across

아래 우리말 표현을 영어로 말해 보세요.

창문을 통해
모퉁이 주변에
강을 따라
길 건너에

영어로 먼저 확인하세요.

창문을 통해   **through** the window

모퉁이 주변에	**around** the corner
강을 따라	**along** the river
길 건너에	**across** the street

예문에 쓰인 전치사들에 대해 알아보겠습니다.

전치사 through는 이동의 느낌이 있는 전치사로 '창문을 통해'처럼 어떤 장소를 '관통하는' 움직임을 나타냅니다.

전치사 around는 어떤 장소의 '주변에' 있는 것이나 '주변으로' 움직이는 것을 나타냅니다.

전치사 along은 어떤 것과 '나란히' 있거나 일직선의 방향으로 어떤 장소를 '따라서' 가는 것입니다.

전치사 across는 어떤 것의 '맞은편에' 있거나 맞은편으로 가기 위해 어떤 것을 '가로지르는' 것입니다.

표로 다시 정리해 볼게요.

	장소에 대한 느낌	의미
through	공간을 관통하여	~을 통해
around	주변, 근처	~ 주변에
along	공간과 일직선으로 나란히 이동	~을 따라서
across	공간의 맞은편에, 반대쪽으로	~ 맞은편에, ~을 가로질러서

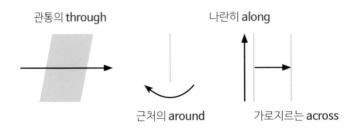

관통의 **through**

나란히 **along**

근처의 **around**

가로지르는 **across**

[방법 전치사] by, with

방법이나 수단, 도구를 나타내는 전치사들에는 어떤 것이 있을까요?
먼저 아래 우리말 표현을 영어로 말해 보세요.

차로
칼을 가지고

'수단'을 나타내는 대표적 전치사는 by입니다.
특히 교통수단을 얘기할 때는 by가 주로 쓰여요.
'도구'를 특정한 용도로 이용할 때는 전치사 with가 쓰입니다.
우리말로는 '~(으)로, ~을/를 가지고'의 의미가 되죠.

차로   **by** car
칼을 가지고   **with** a knife

마지막 전치사도 표로 정리해 볼게요.

	방법에 대한 느낌	의미
by	수단	~(으)로
with	도구, 용도	~(으)로, ~을/를 가지고

지금까지 영어의 주요 전치사에 대해 살펴보았는데요.

사실 모든 전치사가 여기 소개된 내용 외에 더 많은 다양한 의미와 쓰임을 가지고 있어요.

따라서 더 많은 학습이 필요하지만, 전치사가 명사 앞에 쓰인다는 사실을 알고 각 전치사의 기본적인 의미를 이해하는 것만으로 이번 학습의 의미가 충분합니다.

영어에 익숙해질수록 전치사에 대한 이해도 저절로 깊어지게 마련이니 조급하게 생각하지 말고 각 수업마다 충실하게 학습해 주세요.

혼자 해 보기

STEP 1. 다음 영어 표현의 우리말 뜻을 적어 보세요.

1. at the bus stop

2. on the grass

3. in Seoul

4. at 8 o'clock

5. on Monday

6. in April

7. from morning to evening

8. since 2018

9. for 10 years

10. during the winter

혼자 해 보기

11. before lunch

12. after 3 hours

13. out of the house

14. into the car

15. off the bed

16. down the stairs

17. up the hill

18. over the rainbow

19. under the table

ANSWER

11. 점심 전에   12. 3시간 후에   13. 집 밖으로   14. 차 안으로   15. 침대에서 떨어져

16. 계단 아래로   17. 언덕 위로   18. 무지개 너머에   19. 탁자 아래에

혼자 해 보기

20. through the window

21. around the corner

22. along the river

23. across the street

24. by car

25. with a knife

혼자 해 보기

1. 버스 정류장에 　　　　　　　the bus stop

2. 잔디 위에 　　　　　　　the grass

3. 서울에 　　　　　　　Seoul

4. 8시에 　　　　　　　8 o'clock

5. 월요일에 　　　　　　　Monday

6. 4월에 　　　　　　　April

7. 아침부터 저녁까지 　　　　　　　morning 　　　　　　evening

8. 2018년 이후로 (지금까지) 　　　　　　2018

9. 10년 동안 　　　　　　　10 years

10. 겨울 동안 　　　　　　　the winter

ANSWERS

1. at　　2. on　　3. in　　4. at　　5. on　　6. in　　7. from, to　　8. since　　9. for　　10. during

혼자 해 보기

11. 점심 전에   _____ lunch

12. 3시간 후에   _____ 3 hours

13. 집 밖으로   _____ _____ the house

14. 차 안으로   _____ the car

15. 침대에서 떨어져   _____ the bed

16. 계단 아래로   _____ the stairs

17. 언덕 위로   _____ the hill

18. 무지개 너머에   _____ the rainbow

19. 탁자 아래에   _____ the table

ANSWERS

11. before   12. after   13. out of   14. into   15. off   16. down   17. up   18. over
19. under

혼자 해 보기

20. 창문을 통해 ＿＿＿＿＿ the window

21. 모퉁이 주변에 ＿＿＿＿＿ the corner

22. 강을 따라 ＿＿＿＿＿ the river

23. 길 건너에 ＿＿＿＿＿ the street

24. 차로 ＿＿＿＿＿ car

25. 칼을 가지고 ＿＿＿＿＿ a knife

혼자 해 보기

STEP 3. 주어진 우리말을 보고 영어로 말해 보세요.

1. 버스 정류장에

2. 잔디 위에

3. 서울에

4. 8시에

5. 월요일에

6. 4월에

7. 아침부터 저녁까지

8. 2018년 이후로 (지금까지)

9. 10년 동안

10. 겨울 동안

ANSWERS

1. at the bus stop   2. on the grass   3. in Seoul   4. at 8 o'clock   5. on Monday   6. in April
7. from morning to evening   8. since 2018   9. for 10 years   10. during the winter

혼자 해 보기

11. 점심 전에

12. 3시간 후에

13. 집 밖으로

14. 차 안으로

15. 침대에서 떨어져

16. 계단 아래로

17. 언덕 위로

18. 무지개 너머에

19. 탁자 아래에

혼자 해 보기

20. 창문을 통해

21. 모퉁이 주변에

22. 강을 따라

23. 길 건너에

24. 차로

25. 칼을 가지고

문장의 종류

"의문문·부정문이 다가 아니야"

문장의 기본 종류라고 하면 평서문, 의문문, 부정문이라고 할 수 있습니다.
이제 의문문과 부정문을 넘어서서 보다 다양한 영어 문장들에 대해 알아볼
때가 되었습니다.

오늘 공부할 문장들은 〈It 구문〉과 〈There 구문〉 그리고 명령문, 감탄문, 비
교문입니다.
매우 빈번하게 사용되는 영어 문장들이며, 숙지해 두면 활용도가 높은 만큼
의문문과 부정문 못지않게 학습해 주세요.

It 구문

우리말 문장은 자주 주어가 생략되는 반면 영어 문장에서는 주어가 생략되
지 않아요.

다시 말해 모든 영어 문장은 주어로 시작해서 동사로 이어집니다.

아래 우리말 문장에서 생략된 주어를 생각해 보세요.

더워.
월요일이야.
안 멀어.
비가 내려?
4월 1일이야?

위 문장들은 굳이 주어를 쓰지 않아도 의미가 충분히 전달되며 막상 주어를
쓰자면 무엇으로 쓸지 애매하기도 합니다.
그런 이유로 우리말에서는 주어를 생략한 것인데요.
굳이 주어를 찾아 써 본다면 이렇게 되겠죠.

(기온이/날씨가) 더워.
(오늘은/요일이) 월요일이야.
(거리가) 안 멀어.
(날씨가) 비가 내려?
(날짜가) 4월 1일이야?

이 문장들을 영어로 옮기려면 주어를 꼭 써 주어야 하는데요.
영어로는 같은 한 단어를 주어로 사용할 수 있습니다.
바로 대명사 it이에요.

제가 강의할 때 it을 '땜빵맨'이라고 소개하곤 합니다.
주어 자리를 비워둘 수는 없는데 굳이 찾아 쓰기도 애매할 때 대명사 it을 주

어로 쓰기 때문이에요.

짧고 간단해서 '땜빵맨'으로 쓰기 적당해 보이지 않나요?

[기온] 더워.	**It**'s hot.
[요일] 월요일이야.	**It**'s Monday.
[거리] 안 멀어.	**It**'s not far.
[날씨] 비가 내려?	Is **it** raining?
[날짜] 4월 1일이야?	Is **it** April 1st?

주로 기온, 요일, 거리, 날씨, 날짜 등을 나타낼 때 it이 주어로 등장해요.

이때 it은 별 의미가 없으므로 해석하지 않습니다.

위 문장들에서 주목할 점을 몇 가지 짚어 볼게요.

네 번째 문장에서, '비가 내린다'라는 우리말 표현은 영어로는 동사 rain이

됩니다.

따라서 문장을 이루려면 주어 역할을 할 it이 꼭 필요해요.

"비가 온다."라는 문장은 "It rains."가 되는 것이죠.

또한 "비가 내려?"라는 말은 지금 비가 오고 있는지를 묻는 것이므로 현재

진행형 시제를 써서 "Is it raining?"이 됩니다.

다섯 번째 문장에서, 영어로 날짜를 나타낼 때는 날짜에 해당하는 숫자를

서수로 나타내요.

예를 들어 12월 3일은 December 3rd, 8월 10일은 August 10th입니다.

4월 1일은요?

April 1st(first)입니다.

There 구문

영어 문장에서는 늘 주어가 맨 먼저 나온다고 했습니다.
그런데 There로 시작하는 문장은 그렇지 않아요.
〈There + be + 주어 (+ 장소)〉의 순서로 문장이 전개돼요.

이때 there는 별 의미가 없으며 역할은 주의를 환기시키는 것이라고 할 수 있어요.
문법적인 명칭은 '유도 부사'입니다.
쉽게 설명하자면 '곧 주인공[→주어]이 나온다'는 예고편과 같은 역할을 하는 것이죠.
영어로 말하자면 coming soon입니다.

우리가 어떤 말을 시작하기 전에 듣는 사람의 관심을 끌기 위해 "있잖아~" 이런 말을 먼저 던지는 것과 비슷합니다.

이제 다음 문장들을 영어로 생각해 보세요.

책상 위에 컴퓨터가 <u>있어</u>.
부엌에 고양이가 2마리가 <u>있어</u>.

〈There 구문〉은 주어가 동사 뒤에 나오죠?
이 문장들의 주어는 a computer와 two cats인데, 동사는 어떻게 쓸까요?
동사는 주어에 일치시키기 때문에 각각 (a computer→) is와 (two cats→) are가 쓰입니다.

책상 위에 컴퓨터가 <u>있어</u>.　　　　**There is** a computer on the desk.

부엌에 고양이 2마리가 있어.　　　**There are** two cats in the kitchen.

이렇듯 〈There 구문〉은 주로 '있다, 존재하다'라는 의미의 be 동사가 쓰여 〈There + be 동사 + 주어 (+ 장소 부사구)〉 형태가 됩니다.
우리말로는 '주어가 (~에) 있다'로 해석이 되며 이때 there는 해석하지 않아요.
there 다음에 오는 be 동사는 바로 뒤에 오는 주어에 일치시킨다는 점도 알아두세요.

〈There 구문〉의 의문문과 부정문도 연습해 봅시다.

근처에 은행 있니?
사람이 많지 않아.
어제 사고가 있었어.

의문문은 주어와 동사의 자리를 바꾸어 동사를 주어 앞으로 내보내는 것이죠.
〈There 구문〉은 there가 주어 자리를 꿰차고 있으니 이 there와 동사의 자리를 바꿔 줍니다.

근처에 은행 있니?　　　**Is there** a bank around here?

부정문을 만들 때는 be 동사에 not을 붙이면 되고, 과거 시제는 be 동사를 시제에 맞게 변형하면 됩니다.

사람이 많지 않아.　　　**There aren't** many people.
어제 사고가 있었어.　　　**There was** an accident yesterday.

〈There 구문〉을 활용할 때는 동사를 뒤에 오는 주어에 일치시키는 점이 중요해요.

첫 번째 문장의 주어는 a bank이니 의문문을 만들 때 단수형 동사 is가 쓰였습니다.

두 번째 문장은 복수 명사 people이 주어이므로 동사는 복수형 are이고요.

세 번째 문장은 단수 명사 accident가 주어이므로 단수 동사 was가 쓰였네요.

명령문

이번에는 명령문에 대해 알아보겠습니다.

먼저 영작해 보세요.

들어와.

조심해.

명령문의 특징은 명령하는 대상이 화자의 말을 듣고 있는 사람, 즉 '상대방', 영어로는 you라는 거예요.

다시 말해 명령문의 주어는 you로 정해져 있다는 뜻입니다.

우리말에서 명령문의 주어를 보통 생략하듯이 영어의 명령문에서도 주어 you를 아예 생략해 버려요.

주어가 생략되니 문장은 동사로 시작하게 되는데요.

여기서 명령문의 중요한 포인트가 나옵니다.

명령문을 시작하는 동사는 반드시 기본형(동사 원형)이 되어야 한다는 거예요.

명령문의 시제가 항상 현재이고 주어 you에 맞는 현재 동사형은 기본형과 같기 때문에 생략된 주어 you에 맞춘 동사라고 보시면 됩니다.

| 들어와. | **Come in**. |
| 조심해. | **Be careful**. |

위의 두 예문에서 확인할 수 있듯이 동사로 시작하는 문장이 명령문입니다.
그런데 be 동사 명령문에는 주의를 기울여야 해요.
혹시 "조심해!"라는 문장을 "Careful!(X)"이라고 생각했다면 틀린 것이에요.
careful은 형용사이지 동사가 아니기 때문입니다.
형용사가 포함된 문장에는 서술적 역할을 할 be 동사가 반드시 필요합니다.
따라서 "조심해!"는 "Be careful!"이에요.

이번에는 '~하지 말라'는 부정 명령문을 만들어 볼게요.

걱정하지 마.
늦지 마.
절대 포기하지 마.

부정 명령문은 일반 동사의 부정문을 만드는 방법과 같이 동사 앞에 Don't를 넣어 주세요.
Don't 대신 Never를 쓰면 부정의 의미가 조금 더 강해집니다.
우리말로는 '절대 ~하지 마' 정도가 되겠네요.

| 걱정하지 마. | **Don't** worry. |
| 늦지 마. | **Don't** be late. |

| 절대 포기하지 마. | **Never** give up. |

두 번째 문장에는 형용사 late가 있기 때문에 우선 명령문을 만들 때 be 동사가 필요해요.

앞서 설명했듯이 "Late.(X)"가 아니라 "Be late."라고 합니다.

여기에 부정의 의미를 더할 때는 마찬가지로 Don't를 삽입해서 "Don't be late."라고 합니다.

이때 주의할 것은 be 동사의 명령문에도 Don't를 활용한다는 점이에요.

be 동사, 일반 동사 구별 없이 동사 앞에 Don't를 쓰면 부정 명령문이 됩니다.

감탄문

감탄문은 그야말로 감정이 잔뜩 실린 문장 형태입니다.

"예뻐."가 아니라 "어머 예뻐!"라고 하면 감탄문이죠.

우리말 감탄문을 영어로 표현해 보세요.

정말 춥다!

정말 귀엽다!

먼저 "정말 추워."라는 문장을 영어로 어떻게 표현할까요?

'춥다'라는 것은 be cold인데 여기에 강조의 부사 very를 추가하고 앞서 배웠듯이 기온이나 날씨를 나타낼 때 주어로 나서는 it을 써서 "It is very cold."라고 할 수 있겠죠.

이것만으로도 강조의 느낌이 있는 문장이지만 감정을 조금 더 싣고 싶을 때 감탄문을 사용하는데요.

감탄문의 첫 번째 공식은 〈How 형용사/부사 (+ 주어 + 동사)〉입니다.

아주 단순하게 설명하자면, "It is very cold."에서 It is를 생략하고 very를 how로만 바꿔주면 돼요.

정말 춥다!	It is very cold. → **How** cold (it is)!
정말 귀엽다!	She is very cut. → **How** cute (she is)!

원래 감탄문의 주어와 동사는 〈How + 형용사/부사〉 뒤에 위치하지만 생략해 버려도 관계없기 때문에 〈How + 형용사/부사〉 만으로 감탄문이 완성됩니다.

다음 문장도 영어의 감탄문으로 표현해 보세요.

냄새 지독하다!
정말 멋진 옷이다!
정말 좋은 날이다!

앞서 공부한 문장들과의 차이점을 파악했나요?

첫 번째 그룹과 달리 강조할 표현에 명사(냄새, 옷, 날)가 포함되어 있습니다.

이렇게 명사가 포함된 경우, how 대신 명사를 수식하는 형용사적 성격의 what을 감탄문에 사용해요.

감탄문 두 번째 공식은 〈What a/an (형용사) 명사 (+ 주어 + 동사)〉입니다.

냄새 지독하다!	**What** a smell (it is)!

| 정말 멋진 옷이다! | It is a very nice dress. | → **What** a nice dress (it is)! |
| 정말 좋은 날이다! | It is a very lovely day. | → **What** a lovely day (it is)! |

smell은 '나쁜 냄새'라는 의미가 있기 때문에 별다른 형용사를 쓰지 않고 보통 "What a smell!"이라고 하면 지독한 냄새를 강조하는 감탄문이 됩니다. "What a nice dress!" 역시 감탄문 자체에 놀람과 감탄의 의미가 있으니 nice를 생략하고 "What a dress!"라고 말해도 괜찮아요.

마찬가지로 "What a day!"라고 말할 수 있습니다.

표현하고 싶은 형용사가 있다면 명사 앞에 써주어도 되지만 형용사 없이 감탄문의 형태만으로도 느낌은 충분히 전달되니까요.

비교 구문

어릴 적 부모님이 자신을 누군가와 비교해서 정말 속상했던 기억이 다들 있지 않나요?

안타깝게도 인생에서 비교를 피해갈 수 없듯이 비교 구문 역시 영어를 배우고자 할 때 반드시 잘 알아야 할 구문 중 하나입니다.

비교 구문이 성립하려면 적어도 둘 이상의 대상이 필요하겠죠.

먼저 아래 우리말을 영어로 말해 보세요.

김은 부자야.

이는 부자야.

위 두 문장에는 비교의 요소가 없어요.

김도 이도 따로 각각 부자라는 사실만을 알 수 있습니다.

영어로도 간단하게 표현할 수 있어요.

김은 부자야.	Kim is rich.
이는 부자야.	Lee is rich.

이제 두 사람을 비교해 보겠습니다.
두 사람의 부의 수준이 비슷하다면 이렇게 말할 수 있을 거예요.

김은 이만큼 부자야.

두 대상이 비교되는 속성에 있어 서로 비슷한 수준일 때는 'A는 B만큼 ~하다'라고 말을 하죠.
영어로는 기본 문장에 as ~ as를 추가하여 〈A + 동사 + as ~ as + B[비교 대상]〉로 나타냅니다.
따라서 Kim is rich.라는 기본 문장에 as ~ as를 추가하고 뒤에 비교 대상인 Lee를 제시하면 됩니다.

김은 이만큼 부자야.　　　Kim is **as** rich **as** Lee.

비교 구문에서 비교되는 속성은 영어에서 형용사나 부사로 나타냅니다.
as ~ as 사이에 들어가는 말이 형용사 rich인 것처럼요.
두 대상이 비교 속성에 있어 차이가 날 때는 어떻게 말할까요?

박은 김보다 더 부자야.

서로 차이가 나는 속성을 비교하는 것을 '우열 비교'라고 하는데요.
우리말로는 보통 'A는 B보다 더 ~하다'라고 표현합니다.

영어로는 형용사/부사에 −er을 붙이고 비교 대상 앞에 than을 추가하여
〈A + 동사 + −er than + B[비교 대상]〉라고 나타내죠.

박은 김보다 더 부자야.   Park is rich**er than** Kim.

이 때 중요한 건 비교하고자 하는 속성, 즉 형용사 또는 부사에 −er이라는
비교급 꼬리표를 붙이는 것이에요.
위 문장에서 비교하려는 속성은 rich(부유한)이니 비교급은 richer(더 부유
한)가 됩니다.

동사가 시제에 따라 기본형—과거형—과거분사형으로 변화하는 것처럼, 형
용사와 부사는 원급(기본형)—비교급—최상급으로 변화합니다.
보통 비교급에 −er, 최상급에 −est를 붙여요.
형용사나 부사 단어의 길이가 길면 비교급은 앞에 more, 최상급은 앞에
most를 붙이기도 합니다.

rich - **richer** - **richest**   tall - **taller** - **tallest**
beautiful - **more beautiful** - **most beautiful**

비교 대상이 셋 이상이 되거나 집단이 되면 보통 가장 탁월하거나 가장 뒤
처지는 대상이 있기 마련인데요.
이런 대상을 나타내는 구문이 최상급 구문이에요.
예를 들어, 앞서 언급된 김, 이, 박 중에서 김은 이와 비슷하게 부자인데 박
이 김보다 부자라고 했으니 박이 가장 부자인 셈입니다.

박은 셋 중에 제일 부자야.

셋 이상이 모인 집단이 비교 대상이 되고 누구 혹은 무엇이 특정 속성에 있어 가장 뛰어난 것을 나타내는 것이 최상급입니다.

즉 집단에서 하나와 나머지 전체를 비교하는 것이에요.

최상급은 우리말로는 'A는 (…중에서) 가장 ~하다'라고 표현됩니다.

영어로는 형용사/부사에 the −est를 붙여 〈A + 동사 + the −est (+ of/in 비교 집단)〉로 나타내요.

박은 셋 중에 제일 부자야.　　　　　　　Park is **the richest of** the three.

최상급 형용사/부사 앞에는 the를 붙이는데요.

the는 보통 특별한 것 또는 어떤 것을 콕 찍어서 말할 때 앞에 사용해요.

최상급은 가장 특별한 것을 나타내는 만큼 the와 함께 사용됩니다.

지금까지 세 가지 비교 구문을 설명했습니다.

원급 비교, 비교급 비교, 최상급 비교 구문인데요.

셋을 함께 모아서 살펴볼게요.

형용사/부사의 형태가 변하면서 비교 대상(B) 앞에 붙는 전치사도 변화합니다.

[원급] Kim is as rich as Lee.　　　　　　김은 이만큼 부자야.
　　　　　(똑같이) ~한　B만큼
[비교급] Park is richer than Kim.　　　　박은 김보다 부자야.
　　　　　　　더 ~한　B보다
[최상급] Park is the richest of the three.　박은 셋 중에 제일 부자야.
　　　　　　　　제일 ~한　…중에서

비교 구문에 조금 익숙해졌나요?

다른 예문을 통해 복습해 보죠.
아래 우리말 비교 구문을 영어로 표현해 보세요.

내 동생은 나만큼 키가 커.
아빠는 나보다 더 키가 커.
아빠는 우리 가족 중에서 키가 제일 커.

위에서부터 차례대로 원급, 비교급, 최상급 비교 구문이 사용되었네요.
올바르게 영작이 되었는지 확인해 보세요.

내 동생은 나만큼 키가 커.   My brother is **as tall as** me.
아빠는 나보다 더 키가 커.   My father is tall**er than** me.
아빠는 우리 가족 중에서 키가 제일 커.
                     My father is **the** tall**est in** my family.

첫 번째와 두 번째 문장에서 비교 대상 B는 주어인 My father와 견주기 때문에 문법적으로는 주격인 I를 써서 "My father is as tall as I."로 하는게 맞아요.
하지만 대부분의 원어민들이 me라고 쓰기 때문에 그냥 me라고 말하면 됩니다.

최상급 구문에서 보통 '(집단의 구성원들) 중에서'라고 할 때는 전치사 of가 쓰이고, '(집단)에서'라고 할 때는 진치사 in이 쓰여요.
따라서 세 번째 최상급 구문에서 '우리 가족 (집단) 중에서'는 in my family 라고 합니다.

혼자 해 보기

STEP 1. 다음 영어 문장의 우리말 뜻을 적어 보세요.

1. It's hot. _____

2. It's Monday. _____

3. It's not far. _____

4. Is it raining? _____

5. Is it April 1st? _____

6. There is a computer on the desk. _____

7. There are two cats in the kitchen. _____

8. Is there a bank around here? _____

9. There aren't many people. _____

10. There was an accident yesterday. _____

ANSWERS

1. 더워.   2. 월요일이야.   3. 안 멀어.   4. 비가 내려?   5. 4월 1일이야?
6. 책상 위에 컴퓨터가 있어.   7. 부엌에 고양이 두 마리가 있어.   8. 근처에 은행 있니?
9. 사람이 많지 않아.   10. 어제 사고가 있었어.

혼자 해 보기

11. Come in. _____

12. Be careful. _____

13. Don't worry. _____

14. Don't be late. _____

15. Never give up. _____

16. How cold (it is)! _____

17. How cute (she is)! _____

18. What a smell (it is)! _____

19. What a nice dress (it is)! _____

20. What a lovely day (it is)! _____

혼자 해 보기

21. Kim is rich. _____

22. Lee is rich. _____

23. Kim is as rich as Lee. _____

24. Park is richer than Kim. _____

25. Park is the richest of the three. _____

ANSWERS

21. 김은 부자야.   22. 이는 부자야.   23. 김은 이만큼 부자야.   24. 박은 김보다 더 부자야.
25. 박은 셋 중에 제일 부자야.

혼자 해 보기

STEP 2. 주어진 우리말을 보고 빈칸에 알맞은 영어 단어를 적어 보세요.

1. 더워.   _____ is hot.

2. 월요일이야.   _____ is Monday.

3. 안 멀어.   _____ is not far.

4. 비가 내려?   Is _____ raining?

5. 4월 1일이야?   Is _____ April 1st?

6. 책상 위에 컴퓨터가 있어.   _____ _____ a computer on the desk.

7. 부엌에 고양이 2마리가 있어.   _____ _____ two cats in the kitchen.

8. 근처에 은행 있니?   _____ _____ a bank around here?

9. 사람이 많지 않아.   _____ _____ many people.

10. 어제 사고가 있었어.   _____ _____ an accident yesterday.

ANSWERS

1. It   2. It   3. It   4. it   5. it   6. There is   7. There are   8. Is there   9. There aren't
10. There was

혼자 해 보기

11. 들어와.   _____ in.

12. 조심해.   _____ careful.

13. 걱정하지 마.   _____ worry.

14. 늦지 마.   _____ be late.

15. 절대 포기하지 마.   _____ give up.

16. 정말 춥다!   _____ cold (it is)!

17. 정말 귀엽다!   _____ cute (she is)!

18. 냄새 지독하다!   _____ a smell (it is)!

19. 정말 멋진 옷이다!   _____ a nice dress (it is)!

20. 정말 좋은 날이다!   _____ a lovely day (it is)!

ANSWERS

11. Come   12. Be   13. Don't   14. Don't   15. Never   16. How   17. How
18. What   19. What   20. What

혼자 해 보기

21. 김은 부자야.   Kim is _____ .

22. 이는 부자야.   Lee is _____ .

23. 김은 이만큼 부자야.   Kim is _____ _____ _____ Lee.

24. 박은 김보다 더 부자야.   Park is _____ _____ Kim.

25. 박은 셋 중에 제일 부자야.   Park is _____ _____ of the three.

ANSWERS

21. rich   22. rich   23. as rich as   24.richer than   25. the richest

혼자 해 보기

step 3. 다음 우리말을 보고 영어로 말해 보세요.

1. 더워.

2. 월요일이야.

3. 안 멀어.

4. 비가 내려?

5. 4월 1일이야?

6. 책상 위에 컴퓨터가 있어.

7. 부엌에 고양이 2마리가 있어.

8. 근처에 은행 있니?

9. 사람이 많지 않아.

10. 어제 사고가 있었어.

ANSWERS

1. It's hot.　2. It's Monday.　3. It's not far.　4. Is it raining?　5. Is it April 1st?
6. There is a computer on the desk.　7. There are two cats in the kitchen.
8. Is there a bank around here?　9. There aren't many people.
10. There was an accident yesterday.

혼자 해 보기

11. 들어와.

12. 조심해.

13. 걱정하지 마.

14. 늦지 마.

15. 절대 포기하지 마.

16. 정말 춥다!

17. 정말 귀엽다!

18. 냄새 지독하다!

19. 정말 멋진 옷이다!

20. 정말 좋은 날이다!

ANSWERS

11. Come in.   12. Be careful.   13. Don't worry.   14. Don't be late.   15. Never give up.
16. How cold (it is)!   17. How cute (she is)!   18. What a smell (it is)!
19. What a nice dress (it is)!   20. What a lovely day (it is)!

혼자 해 보기

21. 김은 부자야.

22. 이는 부자야.

23. 김은 이만큼 부자야.

24. 박은 김보다 더 부자야.

25. 박은 셋 중에 제일 부자야.

수동태

"때린 놈보다 맞은 놈이 더 중요하다면?"

영어 문장을 구분하는 방법 중에 행위의 방향을 기준으로 구분하는 방법이 있습니다.

주어가 행위를 하는 주체가 되는 문장을 '능동태' 문장이라고 하고, 주어가 그 행위의 대상이 되면 '수동태' 문장이라고 해요.

능동태와 수동태 문장은 동사를 쓰는 방법도 달라요.

수동태 vs. 능동태

먼저 능동태 문장은 행위자 입장에서 서술합니다.

Brain은 Sumin을 사랑한다.   Brian **loves** Sumin.

A   →   B

고양이가 강아지를 <u>때렸다</u>.   The cat **hit** the dog.

A   →   B

위 두 문장에서 '사랑하는' 주체가 Brian이고 '때리는' 주체가 고양이입니다.

이렇게 행위자 입장의 문장을 '능동태'라고 하며 행위의 방향은 오른쪽입니다.

이 문장들을 행위를 받는/당하는 입장에서 표현하면 수동태가 됩니다.

Sumin은 Brian에게 <u>사랑받는다</u>.   Sumin **is loved** by Brain.

B   ←   A

강아지가 고양이에게 <u>맞았다</u>.   The dog **was hit** by the cat.

B   ←   A

수동태 문장은 '사랑을 받는' Sumin과 '때림을 당한(맞은)' 강아지의 입장에서 서술되죠.

따라서 '수동태'는 행위의 대상이 주어가 된 문장이며 행위의 방향은 왼쪽이 됩니다.

수동태 문장은 특히 동사 형태에 유의해야 하는데요.

수동태 동사는 〈be + pp(과거분사)〉가 되고 행위자(능동태의 주어)에 by를 붙여 표현합니다.

수동태의 우리말 해석은 주로 '~당하다, ~되다, ~받다'가 됩니다.

[능동태] Brian **loves** Sumin.　　　　　Brain이 Sumin을 사랑한다.

[수동태] Sumin **is loved by** Brain.　　　Sumin은 Brian에게 사랑받는다.

[능동태] The cat **hit** the dog.　　　　고양이가 강아지를 때렸다.

[수동태] The dog **was hit by** the cat.　강아지가 고양이에게 맞았다.

주어가 중요한 영어 문장에서 수동태를 쓰는 이유는 뭘까요?
행위자보다 대상을 더 중요하게 생각하거나 행위자가 누구인지 모르기 때문입니다.
따라서 대상을 주어로 내세우고 행위자는 뒤로 빠지는 수동태 문장이 탄생한 것이죠.
〈by + 행위자〉가 아예 생략되는 수동태 문장도 많아요.

그 집은 2002년에 지어졌다.　　　The house **was built** in 2002.
그 벽은 파란색으로 칠해져 있다.　The wall **is painted** in blue.

위의 두 문장에서 집을 지은 행위자와 벽을 칠한 행위자는 나타나 있지 않죠.
아마도 행위자를 모르거나 안다고 해도 중요하지 않기 때문에 생략한 것입니다.

일반적으로는 행위자를 더 중요하게 생각하기 때문에 우리말이나 영어나 능동태 문장이 더 많이 쓰여요.
하지만 영어는 우리말보다는 수동태 활용이 훨씬 더 많고 수동태의 형태도 다양합니다.

다양한 수동태

수동태를 더 어렵게 만드는 장본인은 동사의 형태일 거예요.
기본적인 수동태 동사의 형태는 〈be + pp(과거분사)〉이지만 시제에 따라
다소 복잡하고 긴 동사 형태가 됩니다.

능동태와 수동태 동사 형태를 시제별로 비교해 볼게요.
먼저 다음 문장을 영어로 말해 보세요.

그가 사무실을 <u>청소한다</u>.   →   사무실은 <u>청소된다</u>.
그가 사무실을 <u>청소했다</u>.   →   사무실은 <u>청소되었다</u>.

능동태 문장은 '청소하는' 주체인 '그'의 입장에서 서술된 것이죠.
이 문장들을 '청소되는' 대상인 '사무실'의 입장에서 표현한 것이 수동태입
니다.
따라서 능동태 문장에서 동사 뒤 목적어의 위치에 있던 명사가 수동태 문장
에서는 주어 자리를 차지하죠.
그리고 동사는 〈be + pp〉 형태가 됩니다.
밑줄에 들어갈 동사 clean의 형태를 생각해 보세요.

He <u>cleans</u> the office.   →   The office _____ by him.
He <u>cleaned</u> the office.   →   The office _____ by him.

정답을 바로 확인할게요.

[현재 능동태] 그가 사무실을 <u>청소한다</u>.   He **cleans** the office.
[현재 수동태] 사무실은 <u>청소된다</u>.   The office **is cleaned** (by him).

[과거 능동태] 그가 사무실을 <u>청소했다</u>.　　　He **cleaned** the office.

[과거 수동태] 사무실은 <u>청소되었다</u>.　　　The office **was cleaned** (by him).

수동태 문장은 우선 능동태 문장에서 대상(목적어)이었던 the office가 주어가 되고 주어 자리에 있던 행위자 he는 by와 함께 뒤로 보내요.

전치사 뒤로 오기 때문에 목적격 형태인 him으로 형태가 바뀌죠.

누가 청소했는지 중요하지 않다면 by him은 생략해도 괜찮아요.

동사의 경우, 수동태 동사 기본 형태 〈be + pp(과거분사)〉에서 현재 시제 수동태는 be 동사를 현재형으로, 과거 시제 수동태는 be 동사를 과거형으로 써주면 됩니다.

이번에는 조금 더 복잡한 동사 형태를 연습해 보겠습니다.

그가 사무실을 <u>청소할 거다</u>.　→　**사무실은 <u>청소될 거다</u>.**

그가 사무실을 <u>청소하고 있다</u>.　→　**사무실은 <u>청소되고 있다</u>.**

그가 막 사무실을 <u>청소했다</u>.　→　**사무실은 막 <u>청소되었다</u>.**

첫 번째 문장은 '~할 것이다'라는 미래 시제인데요.

능동태의 경우 〈will + 동사 원형〉으로 나타냅니다.

수동태는요?

He <u>will clean</u> the office.　→　**The office ＿＿＿＿＿＿ by him.**

미래 시제 수동태는 〈will be + pp〉, 즉 will 뒤에 be를 추가하고 동사를 pp(과거분사)로 만들어 줍니다.

조동사 다음에는 항상 동사의 원형이 오기 때문에 will 뒤에 be가 오는 것이죠.

[미래 능동태] 그가 사무실을 청소할 거다. He **will clean** the office.
[미래 수동태] 사무실은 <u>청소될 거다</u>.   The office **will be cleaned** (by him).

두 번째 문장은 '~하고 있다', 즉 진행 시제입니다.
능동태 진행형은 〈be + −ing〉인데, 수동태로는 어떻게 나타낼까요?

He is <u>cleaning</u> the office.   →   **The office** _____ **by him.**

진행 시제 능동태의 형태는 〈be + −ing〉라고 했습니다.
이것을 수동태로 전환하려면 수동태의 핵심인 〈be + pp〉가 추가되어야 해요.
즉, 진행형의 〈be + −ing〉와 수동태의 〈be + pp〉가 결합해서 진행 시제 수동태는 〈be being + pp〉가 됩니다.
동사의 여러 역할 중 핵심은 시제이기 때문에 진형 시제(be + −ing)을 먼저 쓰고 뒤에 수동태(be + pp)를 이어서 써서 〈be being + pp〉가 됩니다.

[진행 능동태] 그가 사무실을 <u>청소하고 있다</u>. He **is cleaning** the office.
[진행 수동태] 사무실은 <u>청소되어지고 있다</u>. The office **is being cleaned** (by him).

혹시 진행 시제 수동태에서 "be 동사가 왜 두 번 쓰였지?"라고 의아한가요?
진행 시제의 be 동사와 수동태의 be 동사가 모두 필요하기 때문에 be 동사는 당연히 두 번 쓰입니다!

세 번째 문장은 완료 시제인데, 능동태는 '막 ~했다'라는 의미이죠.
완료 시제 수동태는 '막 ~되었다'는 의미입니다.

He <u>has cleaned</u> the office.   →   **The office** _____ **by him.**

완료 시제의 수동태는 완료 시제의 〈have + pp〉와 수동태의 〈be + pp〉를 결합해서 만들어요.

역시 시제(have + pp)를 먼저 쓰고 수동태(be + pp)를 뒤에 써서 결합하면 완료 시제 수동태는 〈have been + pp〉가 됩니다.

[완료 능동태] 그가 막 사무실을 청소했다. He **has cleaned** the office.

[완료 수동태] 사무실은 막 청소되었다.　The office **has been cleaned** (by him).

진행 시제 수동태와 완료 시제 수동태의 형태가 만들어지는 과정을 다시 살펴볼게요.

각 시제와 수동태가 결합하는 과정에서 being과 been은 고정 형태가 됩니다.

진행 시제	be	- ing	
수동태		be	pp
		being	

완료 시제	have	pp	
수동태		be	pp
		been	

진행 시제 수동태　be　being　pp

완료 시제 수동태　have　been　pp

마지막으로, 표로 정리해 드립니다.

시제	능동태	예시	수동태	에시
현재	동사의 현재형	clean	be pp	is cleaned
과거	동사의 과거형	cleaned	be pp	was cleaned
미래	will 동사 원형	will clean	will be pp	will be cleaned
현재 진행	be - ing	is cleaning	be being pp	is being cleaned

| 현재 완료 | have pp | has cleaned | have been pp | has been cleaned |

조금 복잡해 보일 수 있지만 수동태는 영어 문장에 정말 많이 쓰여요.

일단 원리를 이해한 후에 각각의 동사 형태를 통으로 암기하여 활용하도록 하세요.

수동태 동사의 기본형은 〈be + pp〉, 미래형은 〈will be + pp〉, 진행형은 〈be being + pp〉, 완료형은 〈have been + pp〉입니다.

혼자 해 보기

STEP 1. 다음 영어 문장의 우리말 뜻을 적어 보세요.

1. He cleans the office. _____

2. The office is cleaned (by him). _____

3. He cleaned the office. _____

4. The office was cleaned (by him). _____

5. He will clean the office. _____

6. The office will be cleaned (by him). _____

7. He is cleaning the office. _____

8. The office is being cleaned (by him). _____

ANSWERS

1. 그가 사무실을 청소한다.   2. 사무실은 청소된다.   3. 그가 사무실을 청소했다.
4. 사무실은 청소되었다.   5. 그가 사무실을 청소할 거다.   6. 사무실은 청소될 거다.
7. 그가 사무실을 청소하고 있다.   8. 사무실은 청소되고 있다.

9. He has cleaned the office. _____

10. The office has been cleaned (by him). _____

ANSWERS

9. 그가 막 사무실을 청소했다.   10. 사무실은 막 청소되었다.

혼자 해 보기

STEP 2. 주어진 우리말을 보고 빈칸에 알맞은 영어 단어를 적어 보세요.

1. 그가 사무실을 청소한다.　　He _____ the office.

2. 사무실은 청소된다.　　The office _____ _____ (by him).

3. 그가 사무실을 청소했다.　　He _____ the office.

4. 사무실은 청소되었다.　　The office _____ _____ (by him).

5. 그가 사무실을 청소할 거다.　　He _____ _____ the office.

6. 사무실은 청소될 거다.　　The office _____ _____ (by him).

7. 그가 사무실을 청소하고 있다.He _____ _____ the office.

8. 사무실은 청소되고 있다.　　The office _____ _____ (by him).

ANSWERS

1. cleans　　2. is cleaned　　3. cleaned　　4. was cleaned　　5. will clean　　6. will be cleaned

7. is cleaning　　8. is being cleaned

혼자 해 보기

9. 그가 막 사무실을 청소했다.   He _____ _____ the office.

10. 사무실은 막 청소되었다.   The office _____ _____ _____ (by him).

ANSWERS

9. has cleaned   10. has been cleaned

혼자 해 보기

1. 그가 사무실을 청소한다.

2. 사무실은 청소된다.

3. 그가 사무실을 청소했다.

4. 사무실은 청소되었다.

5. 그가 사무실을 청소할 거다.

6. 사무실은 청소될 거다.

7. 그가 사무실을 청소하고 있다.

8. 사무실은 청소되고 있다.

ANSWERS

1. He cleans the office.   2. The office is cleaned (by him).   3. He cleaned the office.
4. The office was cleaned (by him).   5. He will clean the office.
6. The office will be cleaned (by him).   7. He is cleaning the office.
8. The office is being cleaned (by him).

혼자 해 보기

9. 그가 막 사무실을 청소했다.

10. 사무실은 막 청소되었다.

가정법

"일어날 확률이
0%에 가까울 때"

이번 시간에 배울 것은 가정법입니다.

가정법을 이해하려면 먼저 아래 우리말의 차이를 구별할 수 있어야 해요.

(토요일에 나 이삿짐 싸는 것 좀 도와줄래?)

A: <u>시간이 되면</u>, 도와줄게.

B: <u>시간이 되면</u>, 도와줄 텐데.

둘 중에 혹시라도 나를 도와줄 수 있는 사람은 누구일까요?

A입니다.

A는 '시간이 되면'이라는 '조건'을 걸었는데요.

<u>만약 이 조건이 충족되면 '나'를 도와줄 수도 있을 거예요.</u>

예를 들어 토요일에 다른 중요한 약속이 생기지 않는다면 고맙게도 나를 도

우러 올지도 모릅니다.

B는 어떨까요?

B가 말하고 있는 것은 조건이 아니라 '가정'입니다.

가정은 실제가 아닌 어떤 것을 상상하는 것이기 때문에 실제로는 일어날 수 없는 일이죠.

'(이미 어른인) 내가 아이가 된다면' 혹은 '(이미 시계를 잃어버렸는데) 시계만 잃어버리지 않았다면'이라고 말하는 것처럼요.

그러니까 B는 '나'를 전혀 도와줄 수 없는 상황이라고 말하는 것입니다.

도와줄 수는 없는데 다만 예의상 하는 말에 가까운 거죠.

이런 경험 다들 있으시죠?

영어에서는 A의 '시간이 되면'을 '조건문'으로, B의 '시간이 되면'을 '가정법'으로 나타냅니다.

[조건문] 시간이 되면, 도와줄게.　　　　If I **have** time, I'**ll** help you.

[가정법] 시간이 되면, 도와줄 텐데.　　　If I **had** time, I **would** help you.

그런데 두 문장을 비교해 보니 시제가 뭔가 이상합니다.

먼저 조건문에서 '시간이 되면'이라는 조건은 미래의 일인데도 불구하고 현재 시제인 have로 나타냈습니다.

'if 조건문에서는 미래 시제 대신 현재 시제를 쓴다'는 문법, 기억나시나요?

사실 우리말로도 '시간이 될 것이라면'이라고 미래 시제로 말하지 않기 때문에 영어로도 현재 시제로 나타내는 게 어색하지 않아요.

조건의 if절에는 미래 시제를 쓰지 않는다는 점만 기억해 두세요.

시제의 쓰임이 더 이상한 쪽은 가정법입니다.

분명히 현재/미래의 상황인데 가정법의 시제는 과거(had, would)로 표현되었네요.

가정법은 이렇게 내용 상 시제[현재]보다 한 시제를 당겨서[과거] 나타냅니다.

왜 굳이 시제를 당겨서 나타낼까요?
가정법은 현실에서는 실현 불가능한 허황된 얘기라는 것을 단적으로 보여주기 위해 일부러 시제를 틀리게 쓰는 것이에요.
앞선 수업에서 시제를 설명할 때 과거 시제는 현재와의 단절을 의미한다고 말씀 드렸는데요.
이렇게 현재의 사실임에도 과거 시제로 나타내 현재와의 단절, 즉 비현실성을 강조하는 것이 가정법입니다.

가정법에서 현재를 아예 과거 시제로 나타내기 때문에 실제 일어날 가능성이 있는 조건문과 가정법을 헷갈리지 않고 구분할 수 있죠.

가정법 동사 형태를 정리하겠습니다.
가정법의 if 절에는 과거 동사가, 주절에는 과거형 조동사 would가 쓰여요.
would 외에 다른 과거형 조동사도 쓸 수 있습니다.
가정법 과거의 동사 형태는 공식처럼 암기해 두는 것이 좋아요.

If 주어 + **과거 동사** ~, 주어 + **would** + 동사 원형 ~

가정법 예문을 좀 더 살펴볼게요.
다음 문장을 영작해 보세요.

복권에 당첨되면, 집을 살 텐데.
내가 너라면, 그렇게 하지 않을 텐데.

복권에 당첨된다는 건 일반적으로 가능성이 아주 낮은 일입니다.
남들이 알지 못하는 비밀스러운 방법으로 당첨 확률이 아주 높아진 상황이
거나 좋은 꿈이라고 꾸어 본인의 당첨을 확신하는 상황이 아니라면, '복권
에 당첨된다면'은 가정법으로 나타내는 것이 일반적이에요.
따라서 과거 시제를 활용해 가정법으로 나타냅니다.

복권에 당첨되면, 집을 살 텐데.
If I **won** the lottery, I **would buy** a house.

'내가 네가 된다'는 것은 아예 불가능한 상상이죠.
역시 가정법으로 나타내야 하며 과거 동사가 사용됩니다.

내가 너라면, 그렇게 하지 않을 텐데.
If I **were** you, I **wouldn't do** that.

두 번째 문장에서 주어 I에 대해 과거형 be 동사로 was가 아닌 were가 쓰인
것에 주목하세요.
일반적인 과거 시제라면 주어에 맞춰 was를 쓰는 게 맞겠지만 가정법에서
는 was를 쓰지 않고 were만 사용합니다.
다만 요즘 원어민들은 was도 많이 쓴다고 합니다.

가정법이 어려운가요?
조금 더 연습해 볼게요.

돈을 많이 벌면, 새 차를 살 텐데.
내가 수잔이라면, 존과 결혼하지 않을 텐데.

위 문장을 가정법으로 나타낼 때 쓰일 동사를 먼저 확인해 볼게요.

첫 번째 문장에서, if절에 쓰일 '돈을 벌다'는 의미의 make money는 과거형 동사 made가 쓰여 made money가 되어야 합니다.

주절에 있는 '사다'라는 동사 buy는 조동사 과거형과 결합하여 would buy 가 되어야 하죠.

돈을 많이 벌면, 새 차를 살 텐데.
If I **made** a lot of money, I **would buy** a new car.

두 번째 문장은 if 절에 be 동사의 과거형 were가, 주절에 부정문 형태의 would't marry가 필요합니다.

내가 수잔이라면, 존과 결혼하지 않을 텐데.
If I **were** Susan, I **wouldn't marry** John.

다음 문장은 어떨까요?

내가 대통령이 된다면, ...

이 문장은 조건문으로 나타낼까요, 가정법으로 나타낼까요?
말하는 사람의 신분이나 마음가짐에 따라 다릅니다.

A: 내가 대통령이 된다면,   If I **become** President,
B: 내가 대통령이 된다면,   If I **became** President,

우리말 해석은 똑같지만 A가 조건문, B가 가정법인 것을 확인하셨나요?
조건문으로 말한 A는 아마도 대선 주자쯤이 되지 싶네요.

본인이 대통령이 될 것이라고 생각하는 사람입니다.
(모든 대통령 후보가 이렇게 생각한다고 하죠? ^^)
가정법으로 말한 B는 우리와 같은 평범한 유권자이겠죠.
본인이 대통령이 될 거라 생각하지는 않지만 상상이나 해 보는 겁니다.
문장의 뒷부분을 마저 완성해 보죠.

내가 대통령이 <u>된다면</u>, 나는 법을 <u>따를 것이다</u>.
내가 대통령이 <u>된다면</u>, 더 좋은 나라를 <u>만들 텐데</u>.

영어를 바로 확인할게요.

내가 대통령이 <u>된다면</u>, 나는 법을 <u>따를 것이다</u>.
If I **become** President, I **will follow** the laws.
내가 대통령이 <u>된다면</u>, 더 좋은 나라를 <u>만들 텐데</u>.
If I **became** President, I **would make** a better nation.

영어의 가정법이 복잡해 보이지만 우리가 일상생활에서 흔히 말하는 방식이에요.
'내가 부자라면, ……', '내가 연예인라면, ……'
이런 상상들 날마다 하지 않나요?

가정법을 구별하는 방법을 마지막으로 정리해 드립니다.
If로 시작하는 절에 현재 시제가 사용되면 조건문, 과거 시제가 사용되면 가정법입니다.
가정법은 동사 형태 위주로, 현실의 시제보다 당겨서 과거로 나타낸다는 점만 꼭 기억하세요.

혼자 해 보기

STEP 1. 다음 영어 문장의 우리말 뜻을 적어 보세요.

1. If I have time, I'll help you.

_____

2. If I had time, I would help you.

_____

3. If I won the lottery, I would buy a house.

_____

4. If I were you, I wouldn't do that.

_____

5. If I made a lot of money, I would buy a new car.

_____

ANSWERS

1. 시간이 되면, 도와줄게.   2. 시간이 되면, 도와줄 텐데.   3. 복권에 당첨되면, 집을 살 텐데.
4. 내가 너라면, 그렇게 하지 않을 텐데.   5. 돈을 많이 벌면, 새 차를 살 텐데.

혼자 해 보기

6. If I were Susan, I wouldn't marry John.

_____

7. If I become President, I will follow the laws.

_____

8. If I became President, I would make a better nation.

_____

혼자 해 보기

STEP 2. 주어진 우리말을 보고 빈칸에 알맞은 영어 단어를 적어 보세요.

1. 시간이 되면, 도와줄게.

   If I _____ time, I _____ _____ you.

2. 시간이 되면, 도와줄 텐데.

   If I _____ time, I _____ _____ you.

3. 복권에 당첨되면, 집을 살 텐데.

   If I _____ the lottery, I _____ _____ a house.

4. 내가 너라면, 그렇게 하지 않을 텐데.

   If I _____ you, I _____ _____ that.

5. 돈을 많이 벌면, 새 차를 살 텐데.

   If I _____ a lot of money, I _____ _____ a new car.

6. 내가 수잔이라면, 존과 결혼하지 않을 텐데.

   If I _____ Susan, I _____ _____ John.

ANSWERS

1. have, will help   2. had, would help   3. won, would buy   4. were, wouldn't do

5. made, would buy   6. were, wouldn't marry

혼자 해 보기

7. 내가 대통령이 된다면, 나는 법을 따를 것이다.

If I _____ President, I _____ _____ the laws.

8. 내가 대통령이 된다면, 더 좋은 나라를 만들 텐데.

If I _____ President, I _____ _____ a better nation.

ANSWERS

7. become, will follow   8. became, would make

혼자 해 보기

STEP 3. 주어진 우리말을 보고 영어로 말해 보세요.

1. 시간이 되면, 도와줄게.

2. 시간이 되면, 도와줄 텐데.

3. 복권에 당첨되면, 집을 살 텐데.

4. 내가 너라면, 그렇게 하지 않을 텐데.

5. 돈을 많이 벌면, 새 차를 살 텐데.

6. 내가 수잔이라면, 존과 결혼하지 않을 텐데.

7. 내가 대통령이 된다면, 나는 법을 따를 것이다.

8. 내가 대통령이 된다면, 더 좋은 나라를 만들 텐데.

ANSWER

1. If I have time, I'll help you.   2. If I had time, I would help you.
3. If I won the lottery, I would buy a house.   4. If I were you, I wouldn't do that.
5. If I made a lot of money, I would buy a new car.   6. If I were Susan, I wouldn't marry John.
7. If I become President, I will follow the laws.
8. If I became President, I would make a better nation.

부정사

09시간

"내가 아직도 동사로 보이니?"

영어의 동사는 무척이나 변화무쌍하다고 말씀 드렸는데요.
첫 번째 수업에서 간략하게 소개해 드린 내용을 지금부터 좀 더 자세히 알아보겠습니다.

이번에도 우리말에서 시작해 볼게요.
아래 우리말 중에서 동사 형태인 것과 아닌 것을 구분해 보세요.

먹다	**먹기**	**먹는 것**	**먹을**
먹어서	**먹으면서**	**먹기 위해서**	

기본형 동사 '먹다'에서 파생된 여러 형태의 단어가 제시되었는데요, 이 중 동사는 '먹다' 하나뿐입니다.
우리말에서 동사는 문장의 맨 끝에 위치하고 '-다'로 끝나죠.
나머지는 동사의 의미를 간직하고 있지만 문장에서 동사의 위치에 쓰이지 않습니다.

이렇게 동사를 동사가 아닌 역할로 바꿔주는 기능을 우리말에서는 동사 뒤에 붙는 '어미'라는 녀석이 해요.
'-다, -기, -는, -을, -어서, -으면서, -기 위해서' 등이 어미입니다.

영어는 어떨까요?
영어에서 동사의 변화를 책임지는 일등 공신은 '부정사'입니다.
부정사는 동사의 기본형 앞에 to를 붙인 〈to + 동사 원형〉 형태예요.
동사가 to라는 모자를 썼다고 생각하면 됩니다.
이 to 모자는 우리말 어미와 비슷한 기능을 해서 동사가 동사가 아닌 다른 역할을 하게 해 줍니다.

먹다	eat
먹기, 먹는 것	to eat
먹을	to eat
먹어서, 먹기 위해서	to eat

우리말 어미가 다양한 것에 비해서 영어는 모양이 꽤 단출하죠?
모양은 단순하지만 기능과 의미는 무척이나 다양합니다.

명사 역할 : ~하는 것, ~하기

예문을 통해 to 부정사의 쓰임에 대해 자세히 살펴볼게요.
아래 문장을 영어로 생각해 보세요.

영어를 배우는 건 어렵다.
영어를 배우고 싶어.

첫 번째 문장을 보죠.

한 눈에 봐도 주어 쪽이 길어 보이니 동사부터 만들어 볼까요?

우리말로 동사는 '어렵다'인데 영어로는 형용사 hard(어려운)와 be 동사를 결합하여 be hard로 나타냅니다.

이제 주어를 볼게요.

주어는 '(영어를) 배우는 건'인데요.

'배우다'라는 동사에서 '배우는 것(은)'이라는 명사적 쓰임으로 바뀌었습니다.

영어로는 to learn이 이 같은 역할을 합니다.

동사 learn에 to 모자를 씌우면 명사 역할을 할 수 있기 때문이에요.

<u>영어를 배우는 건</u> 어렵다.　　　　**To learn English** is hard.

동사를 명사로 만들어 주어 역할을 할 수 있게 하는 것이 바로 to 부정사입니다.

'to learn English(영어를 배우는 건)'가 한 덩어리로 주어 역할을 하고 있네요.

두 번째 문장을 영어로 옮겨 볼게요.

먼저 우리말 동사 표현 '싶어'는 '원하다'라는 영어 동사 want로 나타낼 수 있습니다.

무엇을 원하나요?

'영어를 배우는 것'을 원합니다.

이렇게 우리말로 목적격 조사 '을/를'이 붙고 동사 뒤에 쓰이는 것이 목적어인데요. 명사적 쓰임입니다.

즉, 동사 learn이 '배우는 것'이라는 명사적 쓰임을 가져야 하기 때문에 역시 to learn으로 나타낼 수 있겠네요.

영어를 배우고 싶어.　　　　I want **to learn English**.

형용사 역할 : ~하는, ~할

to 부정사는 명사 역할만을 하는 게 아닌데요.
다음 우리말을 영어로 어떻게 표현할까요?

영어를 배우는 젤 좋은 방법은 뭘까?

'배우다'라는 동사가 '배우는'이라는 형용사 형태가 되어 명사 '방법'을 수식
하고 있습니다.
영어로는요?
맞아요. to learn입니다.
형용사 역할의 to 부정사는 명사를 뒤에서 수식하기 때문에 '배우는 방법'은
the way to learn입니다.

조금 더 자세히 볼게요.
'가장 좋은 방법'이라는 명사 표현 덩어리는 the best way, '영어를 배우는'
이라는 형용사 표현 덩어리는 to learn English이죠.
영어는 긴 수식어를 꾸밈을 받는 말 뒤에 두니까 형용사 역할을 하는 to
learn English를 명사 표현 뒤로 보내면 됩니다.

영어를 배우는 젤 좋은 방법은 뭘까?
What is the best way **to learn English**?

부사 역할 : ~하는 데, ~하기 위해서

이번에는 to 부정사가 부사적으로 쓰이는 경우를 살펴볼게요.
다음 우리말을 영작해 보세요.

이 책은 영어를 배우는 데 도움이 돼.
영어를 배우러 캐나다에 갔어.

첫 번째 문장에서 동사 '배우다'는 '배우는 데'가 되었는데요.
'도움이 된다'라는 동사 표현을 수식하고 있네요.
영어로는요?
그렇습니다. to learn이죠.
동사를 수식하는 부사적 쓰임 역시 to 부정사로 나타냅니다.

이 책은 영어를 배우는 데 도움이 돼.   This book is helpful **to learn English**.

두 번째 문장을 볼까요?
이번에는 '배우기 위해서'가 나왔는데요.
역시 동사 '갔다'를 수식하며 '목적(~하기 위해서)'의 의미입니다.
우리말 쓰임은 다르지만 영어로는 이번에도 to learn English입니다.

영어를 배우러 캐나다에 갔어.   I went to Canada **to learn English**.

부사적 쓰임의 to 부정사는 주로 동사를 수식하며 우리말과는 다르게 대체
로 동사 표현 뒤에 위치해요.

지금까지 to 부정사의 주요 쓰임을 살펴봤는데요.

우리말은 다르지만 영어로는 한결같이 to learn English로 표현하는 것을 확인했습니다.

부정사의 활용

좀 더 연습해 볼까요?
우리말 표현을 먼저 보세요.

부자가 되는 건 쉽지 않아.
난 부자가 되고 싶어.
내 목표는 부자가 되는 거야.
부자가 되는 젤 쉬운 방법은 뭘까?
부자가 되려고 복권을 샀어.

to 부정사로 나타낼 명사, 형용사, 부사 표현을 확인했나요?
먼저 '부자가 되다'는 영어로 뭔가요?
아직도 rich라고 하시면 안 됩니다.
rich는 형용사이니 서술적 기능을 하기 위해 be 동사가 필요하죠?
따라서 '부자가 되다'는 be rich입니다.
be rich가 동사가 아닌 명사, 형용사, 부사 표현으로 탈바꿈하려면 to be rich가 됩니다.

먼저, 첫 번째 문장을 영어로 만들어 보죠.

부자가 되는 건 쉽지 않아.　　　　　It's not easy **to be rich.**

to be rich가 주어 표현 '부자가 되는 건'에 해당하는 영어 표현입니다.
그런데 앞서 연습해 본 문장과 조금 다르네요.
주어 to be rich는 문장의 맨 뒤에 있고 주어 자리는 대명사 it이 차지하고 있습니다.

이전 수업에서 주어가 애매할 때 주어 자리에 써 주는 이른바 '땜빵맨' it을 소개해 드렸습니다.
여기서 다시 한 번 it이 소환돼요.
to 부정사 같이 긴 주어가 쓰일 때는 주어는 뒤로 보내 버리고 가짜 주어 it을 대신 써 주기 때문입니다.

이렇게 만들어진 〈It is + 형용사 + to 부정사〉 구문은 영어에서 정말 많이 쓰여요.
우리말로는 '~한 것은 …(형용사)하다'라는 뜻입니다.
"영어를 배우는 건 어렵다."는 문장도 "It's hard to learn English."라고 하는 게 더 자연스러워요.
예를 좀 더 보여 드릴게요.

골프 치는 건 재밌어.　　　　　It's fun **to play golf.**
만나서 반가워.　　　　　　　It's nice **to meet you.**

두 번째 문장으로 넘어갈게요.

난 부자가 되고 싶어.　　　　　I want **to be rich.**

앞서 연습했던 패턴을 그대로 적용해서 to be rich를 동사 want의 뒤, 목적어 자리에 써 주면 됩니다.

세 번째 문장은 새롭게 보여드리는 패턴입니다.

내 목표는 <u>부자가 되는</u> 거야.　　　My goal is **to be rich**.

여기서 to be rich는 '부자가 되는 것'으로 해석되는 명사적 쓰임입니다.
그런데 문장에서 'My goal(내 목표) = to be rich(부자 되는 것)', 동격의 관계이죠.
주로 be 동사 뒤에 to 부정사가 쓰일 때 주어와 to 부정사가 동격을 이룹니다.
이런 부정사의 역할을 보어라고 하며, be 동사는 주어와 to 부정사 보어를 대등하게 연결해 주는 역할을 해요.

네 번째 문장에서 to 부정사는 우리말 명사 '방법'을 수식하는 형용사의 역할을 합니다.
영어로는 주어와 동사 등 문장의 주요 요소를 앞에 써 주기 때문에 What is the easiest way(가장 쉬운 방법은 뭘까)가 먼저 나옵니다.
그리고 명사 way를 수식하는 to be rich를 way 뒤에 쓰죠.

<u>부자가 되는</u> 젤 쉬운 방법은 뭘까?　　What is the easiest way **to be rich**?

마지막 문장에서 to 부정사로 표현할 부분은 어디일까요?
'부자가 되려고'라는 부사 표현입니다.

<u>부자가 되려고</u> 복권을 샀어.　　　I bought a lottery ticket **to be rich**.

영어로는 '(나는) 복권을 샀어'라는 문장의 주요 부분을 먼저 쓰고, '부자가 되려고'라는 목적을 나타내는 부사 표현을 그 뒤에 써 주었네요.

영어는 형용사든 부사든 긴 수식어구는 뒤로 갑니다.

지금까지 to 부정사의 쓰임을 살펴보았습니다.
to 부정사는 명사, 형용사, 부사 등 무려 세 가지의 쓰임을 가집니다.
같은 형태이지만 쓰임에 따라 문장에서의 위치도 달라지죠.

정리해 볼게요.
to 부정사가 주어(동사 앞)나 목적어(동사 뒤)로 쓰이면 명사 용법으로 '~하
는 것'으로 해석합니다.
to 부정사가 명사 뒤에 있고 그 명사를 수식하면 형용사 용법이며 '~하는'
으로 해석해요.
to 부정사가 동사 뒤에 있고 그 동사를 수식하면 상황에 맞게 부사적으로 해
석해요.
주로 '~하기에' 혹은 '~하기 위해서' 등의 의미로 쓰여요.

혼자 해 보기

1. To learn English is hard.

_____

2. I want to learn English.

_____

3. What is the best way to learn English?

_____

4. This book is helpful to learn English.

_____

5. I went to Canada to learn English.

_____

혼자 해 보기

6. It's not easy to be rich.

_____

7. I want to be rich.

_____

8. My goal is to be rich.

_____

9. What is the easiest way to be rich?

_____

10. I bought a lottery ticket to be rich.

_____

ANSWERS

6. 부자가 되는 건 쉽지 않아.   7. 난 부자가 되고 싶어.   8. 내 목표는 부자가 되는 거야.
9. 부자가 되는 젤 쉬운 방법은 뭘까?   10. 부자가 되려고 복권을 샀어.

혼자 해 보기

STEP 2. 우리말 뜻과 일치하도록 다음 영어 단어들을 올바르게 배열하세요.

(문장을 시작하는 첫 단어는 대문자로 변경하세요.)

1. 영어를 배우는 건 어렵다.

hard / English / to learn / is

_____

2. 영어를 배우고 싶어.

to learn / I / English / want

_____

3. 영어를 배우는 젤 좋은 방법은 뭘까?

to learn English / is / the best way / what

_____

4. 이 책은 영어를 배우는 데 도움이 돼.

is / this book / to learn English / helpful

_____

ANSWERS

1. To learn English is hard.   2. I want to learn English.

3. What is the best way to learn English?   4. This book is helpful to learn English.

혼자 해 보기

5. 영어를 배우러 캐나다에 갔어.

went / to learn English / I / to Canada

_____

6. 부자가 되는 건 쉽지 않아.

to / not easy / be rich / it's

_____

7. 난 부자가 되고 싶어.

I / to / want / be rich

_____

8. 내 목표는 부자가 되는 거야.

my goal / be rich / to / is

_____

9. 부자가 되는 젤 쉬운 방법은 뭘까?

way / is / to be rich / what / the easiest

_____

10. 부자가 되려고 복권을 샀어.

be / bought / I / to / a lottery ticket / rich

_____

ANSWERS

9. What is the easiest way to be rich?   10. I bought a lottery ticket to be rich.

혼자 해 보기

STEP 3. 주어진 우리말을 보고 영어로 말해 보세요.

1. 영어를 배우는 건 어렵다.

2. 영어를 배우고 싶어.

3. 영어를 배우는 젤 좋은 방법은 뭘까?

4. 이 책은 영어를 배우는 데 도움이 돼.

5. 영어를 배우러 캐나다에 갔어.

6. 부자가 되는 건 쉽지 않아.

7. 난 부자가 되고 싶어.

8. 내 목표는 부자가 되는 거야.

9. 부자가 되는 젤 쉬운 방법은 뭘까?

10. 부자가 되려고 복권을 샀어.

ANSWERS

1. To learn English is hard.   2. I want to learn English.
3. What is the best way to learn English?   4. This book is helpful to learn English.
5. I went to Canada to learn English.   6. It's not easy to be rich.   7. I want to be rich.
8. My goal is to be rich.   9. What is the easiest way to be rich?
10. I bought a lottery ticket to be rich.

동명사

"동사에 붙는 명사형 꼬리"

동사가 명사로 변신하는 방법이 to 부정사만 있는 건 아니에요.

동사에서 출발했지만 명사로 변신한 동명사라는 녀석도 있습니다.

to 부정사는 기본형 동사 앞에 to를 쓰는 것이라 'to 부정사 모자'라고 설명 드렸는데요.

동명사는 기본형 동사 끝에 -ing를 꼬리처럼 붙여서 만들기 때문에 '명사형 꼬리'라고 말씀 드릴 수 있겠습니다.

부정사   to + eat → to eat

동명사   eat + -ing → eating

동명사와 to 부정사는 동사를 명사로 바꿔준다는 점이 공통점입니다.

하지만 to 부정사가 명사, 형용사, 부사 등으로 다양하게 활용되는 반면, 동명사는 이름처럼 오직 명사로만 쓰여요.

부정사	to eat	먹기, 먹는 것 / 먹는, 먹을 / 먹어서, 먹기 위해서
동명사	eating	먹기, 먹는 것

모양을 비교하더라도 동명사는 −ing가 동사에 꼬리처럼 붙어 아예 한 몸이 되었어요.

그만큼 명사로 더 완벽하게 변신했다고 볼 수 있으며 명사적 성격이 더 강합니다.

동명사가 아예 명사로 굳어져서 단어가 되기도 하는데요.

잘 아시는 swimming(수영), dancing(무용) 등이 그 예이죠.

주어, 목적어, 보어 역할

동명사는 명사로 쓰이는 to 부정사와 마찬가지로 명사가 있어야 할 자리, 즉 주어와 보어, 목적어 자리에 올 수 있습니다.

다음 문장을 영어로 말해 보세요.

걷기는 좋은 운동이다.
보는 것은 믿는 것이다.
나는 여행하는 것을 즐긴다.

첫 번째 문장에서 '걷기'는 동사에서 비롯된 명사형인데요.

문장의 맨 앞자리, 주어 자리는 명사의 자리이기 때문에 이렇게 쓰인 것이죠.

영어로는 '걷다'라는 동사 walk에 동명사 꼬리 −ing를 결합한 walking이 '걷기'가 됩니다.

걷기는 좋은 운동이다.   **Walking** is good exercise.

두 번째 문장에서 동명사로 표현될 부분은 두 군데입니다.
'보는 것'은 see에서 비롯된 동명사 seeing으로, '믿는 것'은 believe에서 비롯된 동명사 believing(믿는 것)입니다.
명사의 자리인 주어와 보어 자리에 각각 위치해요.
그리고 be 동사가 주어 명사와 보어 명사를 동격(=)의 관계로 연결해요.

보는 것은 믿는 것이다.   **Seeing** is **believing**.

이 문장은 "보는 것이 믿는 것"이라는 유명한 속담인데요.
"눈으로 직접 보면 믿을 수밖에 없다."는 뜻입니다.

세 번째 문장의 영어 표현을 확인해 볼까요?

나는 여행하는 것을 즐긴다.   I enjoy **traveling**.

travel의 동명사형인 traveling이 문장의 동사 enjoy 뒤에 쓰였습니다.
동사의 뒤에는 일반적으로 목적어가 오는데 목적어 역시 명사의 자리이기 때문에 '여행하기'라는 동명사 traveling이 필요한 것이에요.

목적어로 활용되는 동명사를 조금 더 연습해 보겠습니다.
우리말을 영작해 보세요.

나는 매일 피아노 치는 것을 연습한다.
창문을 열어 주실래요? (창문 여는 것을 꺼리시나요?)

두 문장에서 동사 '연습하다'는 practice로, '꺼리다'는 mind로 써 줍니다.
다음으로 '피아노 치는 것'과 '창문을 여는 것'이 각각 목적어 자리에 쓰였는데요.
목적어는 명사의 자리이니 to 부정사나 동명사를 활용하면 돼요.
다만, 동사에 따라 목적어를 to 부정사 형태로 쓸지 동명사 형태로 쓸지가 결정돼요.
예를 들어 앞서 배운 동사 enjoy 및 practice와 mind는 모두 동명사 형태를 목적어로 취하죠.

나는 매일 <u>피아노 치는 것</u>을 연습한다.
I practice **playing the piano** everyday.
<u>창문을 열어</u> 주실래요? (창문 여는 것을 꺼리시나요?)
Do you mind **opening the widow**?

전치사의 목적어 역할

주어, 보어, 목적어 자리 외에 꼭 명사를 써야 하는 자리가 하나 더 있어요.
바로 전치사 뒤입니다.

다음 문장을 영어로 떠올려 보세요.

<u>골프 치는 게</u> 어때?
<u>와줘서</u> 고마워.

첫 번째 문장에는 정말 유명한 영어 표현이 쓰였는데요.
상대방에게 제안을 할 때 쓰는 〈How about …? (~하는 게 어때?)〉입니다.

이 때 about이 전치사라는 점에 주목해 주세요.
전치사는 명사 앞에 쓰인다고 했었죠?
달리 말하면 전치사 뒤에는 명사가 쓰입니다.
'골프를 치다'는 play golf인데요.
전치사 about 뒤이기 때문에 동사 형태를 그대로 쓸 수는 없고 명사 역할을
하는 동명사 playing을 써 주어야 합니다.

골프 치는 게 어때?   How about **playing golf**?

이 때 역시 명사 역할을 하는 to play를 쓰면 어떨까요?
만약 전치사 about 뒤에 to play가 결합되면 about to play라는 다소 복잡
한 모양이 될 뿐 아니라 전치사 to의 쓰임과도 헷갈릴 수 있습니다.
그래서 전치사 뒤에 to 부정사는 쓰지 않아요.
전치사 뒤에 동사를 연결하고 싶을 때는 반드시 동명사 형태로 써야 해요.

줘서 by **giving** (O)   by **to give** (X)   by **give** (X)

다음 문장으로 넘어갈게요.
'~해서 고맙다'는 표현은 〈Thank you for …〉입니다.
이 표현이 '오다'라는 동사 come과 결합할 때는 전치사 for 때문에 동명사
형인 coming이 쓰입니다.
come이 동명사 꼬리 －ing와 결합할 때 〈자음+e〉의 e는 탈락이 돼요.

와줘서 고마워.   Thank you for **coming**.

동명사의 쓰임은 부정사보다 간단하죠?
전치사와 동명사가 결합한 표현 중에는 관용적으로 사용되는 표현이 많아요.

기회가 될 때마다 다양한 동명사 관용 표현을 익혀 두시기 바랍니다.

How about - ing?   ~하는 게 어때?
Thank you for - ing   ~해줘서 고마워

혼자 해 보기

STEP 1. 다음 영어 문장의 우리말 뜻을 적어 보세요.

1. Walking is good exercise. _____

2. Seeing is believing. _____

3. I enjoy traveling. _____

4. I practice playing the piano everyday.

_____

5. Do you mind opening the widow?

_____

6. How about playing golf? _____

7. Thank you for coming. _____

ANSWERS
1. 걷기는 좋은 운동이다.　2. 보는 것은 믿는 것이다.　3. 나는 여행하는 것을 즐긴다.
4. 나는 매일 피아노 치는 것을 연습한다.　5. 창문을 열어 주실래요? (창문 여는 것을 꺼리시나요?)
6. 골프 치는 게 어때?　7. 와줘서 고마워.

혼자 해 보기

STEP 2. 우리말 뜻과 일치하도록 다음 영어 단어들을 올바르게 배열하세요.
(문장을 시작하는 첫 단어는 대문자로 변경하세요.)

1. 걷기는 좋은 운동이다.

good / is / walking / exercise

_____.

2. 보는 것은 믿는 것이다.

believing / is / seeing

_____.

3. 나는 여행하는 것을 즐긴다.

enjoy / I / traveling

_____.

4. 나는 매일 피아노 치는 것을 연습한다.

playing the piano / I / everyday / practice

_____.

ANSWERS

1. Walking is good exercise.   2. Seeing is believing.   3. I enjoy traveling.
4. I practice playing the piano everyday.

혼자 해 보기

5. 창문을 열어 주실래요? (창문 여는 것을 꺼리시나요?)

mind / you / opening the widow / do

_____ ?

6. 골프 치는 게 어때?

golf / how / playing / about /

_____ ?

7. 와줘서 고마워.

for / thank you / coming

_____ .

ANSWERS

5. Do you mind opening the widow?   6. How about playing golf?   7. Thank you for coming.

혼자 해 보기

STEP 3. 주어진 우리말을 보고 영어로 말해 보세요.

1. 걷기는 좋은 운동이다.

2. 보는 것은 믿는 것이다.

3. 나는 여행하는 것을 즐긴다.

4. 나는 매일 피아노 치는 것을 연습한다.

5. 창문을 열어 주실래요? (창문 여는 것을 꺼리시나요?)

6. 골프 치는 게 어때?

7. 와줘서 고마워.

ANSWER

1. Walking is good exercise.   2. Seeing is believing.   3. I enjoy traveling.
4. I practice playing the piano everyday.   5. Do you mind opening the widow?
6. How about playing golf?   7. Thank you for coming.

 분사

"동사가 명사를 수식하고플 때"

동사의 세 번째 변신형은 분사입니다.

분사는 동사가 명사를 수식하고 싶을 때, 즉 형용사의 역할을 하고 싶을 때 변신하는 형태예요.

분사에는 현재분사와 과거분사 두 가지 형태가 있습니다.

구분	형태	의미
현재분사	동사의 기본형 + **-ing**	능동 excit**ing** (music) 흥분시키는 (음악)
		진행 fall**ing** (leaves) 떨어지고 있는 (나뭇잎들)
과거분사	동사의 기본형 + **-ed** 또는 불규칙	수동 excit**ed** (fans) 흥분한 (팬들)
		완료 fall**en** (leaves) 떨어져 버린 (나뭇잎들)

현재분사는 주로 능동 의미, 과거분사는 주로 수동 의미를 가지고 있어요.

능동 관계는 명사가 그 행위를 하는 것이고 수동 관계는 명사가 행위를 당하는 것입니다.

능동 관계의 현재분사는 '~하는'으로, 수동 관계의 과거분사는 주로 '~되는, ~당하는'으로 해석해요.

[능동] a **biting** bug   <u>무는</u> 벌레 (벌레가 → 문다)
[수동] a **bitten** face   <u>물린</u> 얼굴 (얼굴이 ← 물리다)

명사와 분사의 의미 관계에 따라 현재분사와 과거분사를 구분해서 써야 해요.

현재분사 vs. 동명사

현재분사는 〈동사 + -ing〉로 동명사와 모양이 같습니다.
분명한 건 모양만 같을 뿐 역할과 쓰임이 완전히 다르다는 거예요.
그렇다면 둘을 어떻게 구별할까요?
문장의 구조와 -ing 단어의 위치 및 역할로 구분해야 합니다.
동명사는 명사의 쓰임, 현재분사는 형용사의 쓰임을 가지니까요.
아래 두 문장을 비교해 보세요.

<u>수면은</u> 중요하다.   **Sleeping** is important.
<u>자고 있는</u> 개를 봐라.   Look at the **sleeping** dog.

첫 문장에서 sleeping(수면)은 주어 자리, 즉 명사의 자리에 있으므로 동명사입니다.
두 번째 문장에서 sleeping은 명사 dog 앞에서 dog를 수식하는 형용사 자리에 있으므로 현재분사입니다.
구분이 되시나요?

주어나 목적어로 쓰이면 명사, 즉 동명사이고 명사를 수식하면 형용사, 즉 분사입니다.

진행·능동 의미의 현재분사

현재분사는 진행의 의미나 수식하는 명사와 능동 관계를 나타냅니다.
다음 표현을 영어로 말해 보세요.

우는 아기
달리고 있는 남자

우리말에서 형용사 '우는'과 '달리는'은 명사 앞에서 명사를 수식을 합니다.
영어도 마찬가지예요.
형용사는 명사 앞에 위치하여 명사를 수식합니다.

우는(=울고 있는) 아기   a **crying** baby
달리고 있는 남자   a **running** man

현재분사 crying과 running이 형용사로서 뒤에 오는 명사를 수식합니다.
현재 진행되고 있는 동작을 나타내기 때문에 현재분사(-ing)로 나타내죠.
run은 끝음이 단자음이기 때문에 자음을 하나 더 겹쳐 씁니다.

이번엔 분사구가 길어져서 명사 뒤에서 수식하는 경우를 살펴볼게요.
먼저 영작 퀴즈입니다.

방에서 춤추고 있는 소녀를 아니?
내 근처에서 담배 피우는 사람들이 싫다.

첫 번째 문장에서 현재분사로 표현할 부분은 명사 '소녀'를 수식하고 있는 '방에서 춤추고 있는'입니다.

분사가 단독으로 명사를 수식하는 게 아니라 장소를 나타내는 군식구가 붙어서 긴 수식어구가 되어 버렸네요.

이렇게 분사구 '덩어리'가 되어 명사를 수식할 때는 분사 수식어구가 명사 뒤로 가게 됩니다.

즉, the girl dancing in the room이 되는 것이죠.

방에서 춤추고 있는 소녀를 아니?
Do you know the girl **dancing in the room**?

완성 문장을 보니 '그 소녀를 아니?'라는 핵심 부분과 '방에서 춤추고 있는'이라는 수식어구 부분이 분리된 것을 확인할 수 있습니다.

두 번째 문장도 비슷한 구조인데요.

'내 근처에서 담배 피우는'이라는 긴 수식어구가 명사 '사람들'을 수식합니다.

긴 수식어구는 명사 뒤로 보낸다고 했으니 먼저 '나는 사람들을 싫어한다', 영어식으로는 '나는 싫어한다 사람들을'이라는 주 문장을 만들어 줍니다.

'I hate people'이 되겠네요.

'담배 피우는'은 현재분사 smoking으로 표현되므로 '내 근처에서 담배 피우는'은 smoking near me가 되죠.

이제 긴 수식어구를 꾸밈을 받는 명사 people 뒤로 붙이면 됩니다.

내 근처에서 담배 피우는 사람들이 싫다.
I hate people **smoking near me**.

현재분사 연습 마지막 문장입니다.

반바지를 입고 있는 남자가 제 남자친구예요.

이 문장에서 분사구로 표현될 부분은 '반바지를 입고 있는(wearing shorts)' 입니다.
역시 긴 수식어구 덩어리이기 때문에 꾸밈을 받는 명사 the man의 뒤로 갑니다.
the man wearing shorts가 되겠네요.

반바지를 입고 있는 남자가 제 남자친구예요.
The man **wearing shorts** is my boyfriend.

이 문장은 수식어구가 주어(The man)과 동사(is) 사이에 끼어 있는 구조입니다.
수식어구가 꾸미는 명사가 문장의 주어일 때는 명사와 수식어구가 한 덩어리가 되어 주어를 이루며 그 뒤에 동사가 나와요.

The man **[wearing shorts]** is my boyfriend.
　　　　　　주어

독해를 할 때도, 어법 문제를 풀 때도 분사의 수식 구조를 파악하는 것은 매우 중요합니다.

특히 주어 뒤에 바로 동사가 나오지 않고 분사가 끼어 있으면 분사부터 시작해서 동사 바로 앞 단어까지 괄호로 묶는 습관을 들이면 좋아요.
이렇게 하면 수식 구조는 물론이고 주어와 동사도 분명하게 파악할 수 있으니까요.

완료 · 수동 의미의 과거분사

동사의 과거분사형은 현재분사와 달리 불규칙 변화를 하는 동사들이 많기 때문에 과거형과 함께 동사의 3단 변화형으로 암기합니다.
과거분사의 쓰임은 현재분사와 마찬가지로 분사 단독으로 수식할 때는 명사 앞에서 수식하고 다른 부사구와 함께 덩어리가 되어 명사를 수식할 때는 명사 뒤에서 수식해요.

현재분사와의 차이는 바로 의미인데요.
과거분사는 완료의 의미나 수식하는 명사와 수동 관계를 나타냅니다.
다음 표현을 영작해 보세요.

삶은 달걀
고장 난 자동차

동사 '삶다'가 영어로는 boil이고 egg는 그 행위의 대상입니다.
다시 말해 달걀은 '삶는(능동)' 행동을 하는 것이 아니라 '삶아지는(수동)' 것이죠.
따라서 boil이 egg를 수식할 때는 수동 의미의 과거분사 boiled를 써요.

삶은 달걀   a **boiled** egg

두 번째를 볼까요?

break는 '고장 내다'라는 동사이고 car는 그 행위의 대상입니다.

즉, 차는 '고장을 내는(능동)' 행동을 하는 것이 아니라 '고장을 당하는, 고장이 난(수동)' 것입니다.

그래서 break가 car를 수식할 때는 수동 의미의 과거분사 broken을 써요.

break는 break—broke—broken으로 불규칙 변화를 하는 거 아시죠?

고장 난 자동차   a **broken** car

과거분사의 수동 개념은 우리말로 해석하면 무척 어색하게 들리기도 합니다.

영어의 수동 개념이 우리말과 백프로 일치하지는 않기 때문인데요.

영어에 많이 익숙해지기 전까지는 조금 어색하더라도 과거분사는 영어의 수동 의미를 최대한 살려 해석하는 것이 좋아요.

'~당하는, ~되는'처럼요.

이제 과거분사를 포함한 긴 수식어구를 살펴볼게요.

먼저, 영작해 주세요.

그녀는 프랑스제 가방을 갖고 있다.

나는 영어로 쓰인 블로그를 방문한다.

파티에 초대받은 그 남자는 오지 않았다.

첫 번째 문장에서 수식어구는 '프랑스제' 즉 '프랑스에서 만들어진'이네요.

꾸밈을 받는 명사는 '가방'이고요.

가방이 '만들어진' 것이므로 과거분사 made를 써야 하며, 따라서 '프랑스에서 만들어진'은 made in France입니다.

수식어구 덩어리가 길어졌죠?

이럴 때는 명사 뒤에서 수식합니다.

그녀는 프랑스제 가방을 갖고 있다.　　　　　　She has a bag **made in France**.

두 번째 문장에서는 '영어로 쓰인'이라는 수식어구가 명사 '블로그'를 수식합니다.

'쓰인'은 '쓰다'라는 동사 write의 수동 의미이므로 과거분사 written을 쓰고 '영어로'라는 말을 더하면 written in English가 수식어구가 됩니다.

이 수식어구 덩어리를 어디에 쓴다고요?

네, 명사 blogs 뒤에다 둡니다.

주 문장인 I visit blogs를 먼저 쓰고 blogs 뒤에 이를 수식하는 분사구를 연결합니다.

나는 영어로 쓰인 블로그를 방문한다.　　　　I visit blogs **written in English**.

세 번째 문장은 '파티에 초대된'이라는 수식어구 덩어리가 꾸미는 말이 주어 자리에 있는 '그 남자'입니다.

이렇게 긴 수식어구가 주어를 꾸밀 때는 〈주어 + 수식어구 + 동사 ~〉의 순서가 되죠.

내용을 살펴볼게요.

그 남자가 '초대된' 것이므로 과거분사를 써서 '파티에 초대된'은 invited to the party가 됩니다.

이 수식어구를 명사 the man 뒤에 쓰죠.

파티에 초대받은 그 남자는 오지 않았다.
The man **invited to the party** didn't come.

앞서 설명 드렸듯이 주어와 동사 사이에 수식어구가 끼어 들면 주어-동사 구조가 한 눈에 들어오지 않아 문장의 의미 파악이 쉽지 않아요.
분사 수식어구에 괄호를 쳐서 수식어구를 분리해 내는 연습이 중요한 이유입니다.

The man **[invited to the party]** didn't come.
　　　　　　　주어

여기서 좀 까다로운 질문을 하나 드릴게요.
The man을 수식하는 invited는 과거형과 과거분사형이 똑같은 모양인데요.
동사의 과거형인지 주어를 수식하는 과거분사형인지 어떻게 구별할까요?

invited가 과거형 동사인지 과거분사 형용사인지 파악하는 것은 어렵고도 중요한 문제입니다.
과거형 동사와 과거분사를 구분하는 간단한 방법은 invited 뒤에 대상(목적어)이 되는 명사가 있는지를 확인하는 거예요.
'초대하다'라는 의미의 invite는 반드시 '누구를? 무엇을?'에 해당하는 정보, 즉 목적어를 필요로 합니다.
이런 동사를 '타동사'라고 하는데요.
만약 invited 뒤에 이런 정보가 없다면 그건 과거분사로 쓰인 것입니다.

The couple **invited guests** to their house.
그 부부는 손님들을 자신의 집에 초대했다.
→ invited 뒤에 대상(목적어) guests가 있음 : 과거형 동사

The couple **invited** to his house were satisfied.
그의 집에 <u>초대된</u> 부부는 만족했다.
→ invited 뒤에 대상(목적어)이 없음: 과거분사 (주어 The couple 수식)

두 번째 문장에서 invited는 동사가 아니기 때문에 조금만 더 읽어가다 보면 진짜 동사 were를 만나게 됩니다.
분사부터 동사 앞 단어까지가 주어를 수식하는 분사구 덩어리인 것이죠.

The couple **invited** <u>guests</u> to their house.
　　　　　동사　　　목적어

The couple **[invited to his house]** <u>were</u> satisfied.
　　　　　과거분사　　　　　　　동사

invite처럼 과거형과 과거분사형이 같은 모양이 아니라면 둘을 구별하느라 진땀을 뺄 필요가 없어요.
불규칙 동사 변화형을 외울 때 귀찮다 생각할 수 있지만 이럴 땐 큰 도움이 되죠.
이번 수업에 나온 동사들의 변화형을 복습해 보며 분사 설명을 마무리하겠습니다.

규칙 변화	불규칙 변화
cry - cried - cried	run - ran - run
dance - danced - danced	wear - wore - worn
smoke - smoked - smoked	break - broke - broken
boil - boiled - boiled	make - made - made
invite - invited - invited	write - wrote - written

혼자 해 보기

STEP 1. 다음 영어 문장의 우리말 뜻을 적어 보세요.

1. a crying baby

_____

2. a running man

_____

3. Do you know the girl dancing in the room?

_____

4. I hate people smoking near me.

_____

5. The man wearing shorts is my boyfriend.

_____

ANSWERS

1. 우는(=울고 있는) 아기   2. 달리고 있는 남자   3. 방에서 춤추고 있는 소녀를 아니?
4. 내 근처에서 담배 피우는 사람들이 싫다.   5. 반바지를 입고 있는 남자가 제 남자친구예요.

혼자 해 보기

6. a boiled egg

_____

7. a broken car

_____

8. She has a bag made in France.

_____

9. I visit blogs written in English.

_____

10. The man invited to the party didn't come.

_____

혼자 해 보기

STEP 2. 우리말 뜻과 일치하도록 다음 영어 단어들을 올바르게 배열하세요.

(문장을 시작하는 첫 단어는 대문자로 변경하세요.)

1. 우는(=울고 있는) 아기

   a / baby / crying

   _____

2. 달리고 있는 남자

   running / man / a

   _____

3. 방에서 춤추고 있는 소녀를 아니?

   dancing / the girl / in the room / do you know

   _____

ANSWERS

1. a crying baby   2. a running man   3. Do you know the girl dancing in the room?

혼자 해 보기

4. 내 근처에서 담배 피우는 사람들이 싫다.

   I / smoking / people / hate / near me

   _____

5. 반바지를 입고 있는 남자가 제 남자친구예요.

   my boyfriend / the man / is / wearing shorts

   _____

6. 삶은 달걀

   a / egg / boiled

   _____

7. 고장 난 자동차

   car / a / broken

   _____

혼자 해 보기

8. 그녀는 프랑스제 가방을 갖고 있다.

   she / made / a bag / has / in France

   _____

9. 나는 영어로 쓰인 블로그를 방문한다.

   written / blogs / visit / I / in English

   _____

10. 파티에 초대받은 그 남자는 오지 않았다.

   to the party / didn't come / invited / the man

   _____

혼자 해 보기

1. 우는 아기

2. 달리고 있는 남자

3. 방에서 춤추고 있는 소녀를 아니?

4. 내 근처에서 담배 피우는 사람들이 싫다.

5. 반바지를 입고 있는 남자가 제 남자친구예요.

6. 삶은 달걀

7. 고장 난 자동차

ANSWERS

1. a crying baby   2. a running man   3. Do you know the girl dancing in the room?
4. I hate people smoking near me.   5. The man wearing shorts is my boyfriend.
6. a boiled egg   7. a broken car

혼자 해 보기

8. 그녀는 프랑스제 가방을 갖고 있다.

9. 나는 영어로 쓰인 블로그를 방문한다.

10. 파티에 초대받은 그 남자는 오지 않았다.

ANSWERS

8. She has a bag made in France.   9. I visit blogs written in English.
10. The man invited to the party didn't come.

관계사

"좋아하는 여자 vs. 여자 좋아하는"

명사를 설명(수식)하는 말을 형용사라고 합니다.
동사를 설명(수식)하는 말을 부사라고 하죠.
예를 들어 형용사는 '어떤' 꽃인지, 즉 '빨간' 꽃인지, '미운' 꽃인지, '활짝 핀' 꽃인지를 설명해 줍니다.
부사는 꽃이 '어떻게' 피는지, 즉 '천천히' 피는지, '우아하게' 피는지, '갑자기' 피는지를 설명해 주죠.

미지막 12번째 수업에서 배울 문법은 '관계사'인데요.
이 녀석은 형용사와 밀접한 관계가 있어요.
형용사 표현이 명사를 수식하는 다양한 경우들을 먼저 살펴볼게요.

① 귀여운 아기   a **cute** baby
② 울고 있는 아기   a **crying** baby
③ 방에서 울고 있는 아기   a baby **crying in the room**
④ 내가 사랑하는 아기   a baby **I love**

①에서 명사 baby를 수식하는 말은 형용사 cute입니다.

②에서는 '울고 있다'라는 동사에서 나온 현재분사 형용사 crying이 명사 baby를 수식하고 있죠.

③에서는 crying에 in the room(방에서)이라는 부사구가 결합된 긴 수식어구가 명사 뒤에서 수식해 줍니다.

①에서 ③까지의 형용사 표현은 앞에서 이미 학습한 내용이에요.

④는 어떤가요?

수식하는 말이 '내가 사랑하는'인데요, 수식하는 표현에 주어(I)와 동사(love)가 포함되어 있습니다.

즉 수식하는 말이 문장의 형태를 갖추고 있네요.

이렇게 문장의 형태로 명사를 수식하는 것을 관계사절(=형용사절)이라고 합니다.

목적격 관계사절 : 명사 + [주어 + 동사]

다음 우리말 수식어구를 영어로는 어떻게 표현할까요?

긴 수식어구는 꾸밈을 받는 명사 뒤로 간다는 사실을 염두에 두고 영작해 보세요.

내가 좋아하는 여자
내가 어제 만났던 남자

첫 번째 예문을 볼게요.

꾸밈을 받는 명사인 '여자', the woman을 먼저 씁니다.

어떤 여자인가요?

'내가 좋아하는' 여자입니다.

영어로는 I like가 되겠네요.

이렇게 수식어구에 주어(내가)와 동사(좋아하는)가 포함되어 있으면 관계사절을 써야 합니다.

그래서 '내가 좋아하는 여자'는 the woman I like가 됩니다.

두 번째 예문도 볼게요.

명사 the man을 먼저 쓰고 '내가 어제 만났던'이라는 문장 형식의 수식어구를 뒤에 씁니다.

'내가 어제 만났던'은 I met yesterday예요.

그래서 '내가 어제 만났던 남자'는 the man I met yesterday입니다.

내가 좋아하는 여자　　　the woman **I like**
내가 어제 만났던 남자　　the man **I met yesterday**

예문을 더 연습해 볼게요.

다음 우리말을 영작해 보세요.

그녀가 본 영화
내가 타는 버스
내가 점심으로 먹은 음식

위 예문들을 영어로 옮길 때도 원칙은 같아요.

[명사를 먼저 써준다. → 수식 문장의 주어와 동사 등을 뒤에 쓴다.]

우리말을 영어식으로 다시 표현해 볼게요.

'그녀가 본 영화'는 [영화 → 그녀가 본]이고요.

'내가 타는 버스'는 [버스 → 내가 타는]이고요.
'내가 점심으로 먹은 음식'은 [음식 → 내가 점심으로 먹은]입니다.

다음으로 수식 문장의 주어와 동사를 영어로 풀어볼게요.
'그녀가 본'은 she saw, '내가 타는'은 I take입니다.
교통수단을 이용할 때 쓰는 동사가 take이죠.
마지막으로 '내가 점심으로 먹은'은 I ate for lunch라고 할 수 있어요.
이 문장 형태의 수식어구를 명사 뒤에 써줍니다.

그녀가 본 영화   the movie **she saw**
내가 타는 버스   the bus **I take**
내가 점심으로 먹은 음식   the food **I ate for lunch**

좀 익숙해지셨나요?
지금까지 보여드린 것은 〈명사 + 관계사절〉 어구였습니다.
명사와 이것을 수식하는 관계사절 전체를 하나의 명사구 덩어리로 볼 수 있
는데요.
이 덩어리에 동사를 붙이면 문장이 됩니다.
예를 들어 볼게요.

[내가 좋아하는] 여자는 앨리이다.
The woman **[I like]** is Ally.
[내가 점심으로 먹은] 음식은 피자이다.
The food **[I ate for lunch]** is pizza.

형용사 수식어구는 꾸며주는 명사와 한 덩어리로 취급한다고 생각하시면
됩니다.

관계사절에 대해 꼭 알아야 할 것을 하나 더 설명 해 드릴게요.
사실 지금까지 소개한 관계사절에는 빠진 게 하나 있었습니다.
바로 관계사입니다.
이 수업의 제목이 관계사인데 정작 관계사는 코빼기도 못 보았네요.
우리가 관계사를 보지 못한 이유는 관계사가 생략되었기 때문입니다.
어디에서 생략된 것일까요?

the woman **(who)** I like
the man **(who)** I met yesterday
the movie **(that)** she saw
the bus **(that)** I take
the food **(that)** I ate for lunch.

보시다시피 관계사는 명사와 관계사절을 이어주는 자리에 있습니다.
달리 말하면 관계사절을 이끄는 대장이기도 하죠.
이런 관계사가 생략된 이유는 목적격이기 때문인데요.
목적격이란 관계사절에서 빠져 있는 성분이 목적어라는 뜻입니다.

the woman (who) I like를 보시죠.
관계사절 I like만 보면 목적어가 없기 때문에 불완전한 문장입니다.
동사 like는 '무엇을' 좋아하는지 대상을 꼭 써줘야 하는 동사이거든요.
원래는 I like the woman이 제대로 된 문장이지만 앞에 이미 the woman이
있기 때문에 관계사절에서는 빼버린 것이죠.
이렇게 빠진 성분이 목적어이기 때문에 who를 목적격 관계사라고 불러요.
그런데 이런 목적격의 who를 생략해서 결국 the woman I like가 됩니다.
목적격의 who를 굳이 생략하지 않아도 되지만 생략하는 경우가 훨씬 많기
때문에 생략한 형태로 연습을 했습니다.

머리가 너무 복잡하다고요?

일단 문장이 명사를 수식할 때는 이 원칙만 기억하세요.

[명사를 먼저 써준다. → 수식 문장의 주어와 동사 등을 뒤에 쓴다.]

주격 관계사절 : 명사 + [관계사 + 동사]

이번에 연습해 볼 관계사는 주격 관계사입니다.

앞서 연습한 관계사절에서는 빠진 성분이 목적어였는데요.

이번에는 주어가 빠진 채로 명사를 수식합니다.

아래 수식어구들을 비교해 볼게요.

내가 좋아하는 여자 vs. 나를 좋아하는 여자

'내가 좋아하는 여자'는 [the woman → I like]이죠.

'나를 좋아하는 여자'는 영어로는 [여자 → 나를 좋아하는]으로 표현해야 하니 [the woman → likes me]가 되겠네요.

그렇다면 '나를 좋아하는 여자'는 the woman likes me가 맞을까요?

이 문장은 명사(the woman) 뒤에 바로 동사(likes)가 이어져서 '그녀는 나를 좋아한다'는 엉뚱한 의미가 되어 버립니다.

우리는 꾸미는 문장, 즉 관계사절을 만들려고 하기 때문에 옳은 문장이 아니에요.

명사를 꾸며주는 문장, 관계사절이 동사로 시작하게 되면 관계사를 생략하지 않고 꼭 써 주어야 해요.

likes me라는 관계사절 앞에 관계사 who가 들어가야 비로소 '나를 좋아하는'이 됩니다.

그래서 '나를 좋아하는 여자'는 the woman who likes me이죠.

내가 좋아하는 여자 vs. 나를 좋아하는 여자
the woman **I like**   the woman **who likes me**

who likes me에는 주어가 **빠져** 있어 주격 관계사절이라고 불러요.
앞서 목적격 관계사는 생략할 수 있었지만 주격은 생략하지 않아요.
위에서 봤듯이 주격 관계사를 생략하면 문장이 이상해져 버리거든요.
따라서 이렇게 쓰면 됩니다.
[명사를 먼저 써준다. → 관계사를 쓴다 → 수식 문장의 동사부터 뒤에 쓴다.]

이때 쓰는 관계사는 who, that, which입니다.
꾸밈을 받는 명사가 사람일 때는 who(목적격일 때는 whom도 가능) 또는
that, 꾸밈을 받는 명사가 사물일 때는 which 또는 that을 씁니다.

이제 본격적으로 연습해 볼게요.
다음 우리말을 영어로 옮겨 보세요.

SK에서 일하는 남자
심각하고 지루한 영화

첫 번째 예문에서 수식 구조는 [남자 → SK에서 일하는]입니다.
'SK에서 일하는'에는 주어가 **빠져** 있죠.
따라서 [명사 → 관계사 → 동사] 순으로 표현하면 됩니다.
[the man → who → works ~]이죠.

SK에서 일하는 남자　　　the man **who works for SK**

두 번째 예문에서 수식 구조는 [영화 → 심각하고 지루한]입니다.
꾸며주는 문장에 주어가 없으니 주격 관계사가 필요합니다.
꾸밈을 받는 명사가 the movie로 사물이기 때문에 관계사는 which나 that
을 쓰죠.
즉, [the movie → that → is ~]가 됩니다.

심각하고 지루한 영화　　　the movie **that is serious and boring**

연습을 더 해 보시죠.

시내에 가는 버스
맛있는 스테이크를 파는 식당

'시내에 가는 버스'는 [버스 → 시내에 가는]이고 꾸며주는 문장에 주어가
없으니 주격 관계사 that이 필요하군요.
[the bus → that → goes ~]입니다.
'맛있는 스테이크를 파는 식당'은 [식당 → 맛있는 스테이크를 파는]이고 역
시 꾸며주는 문장에 주어가 없고 명사(restaurant)가 사람이 아니니 관계사
that을 소환합니다.
[the restaurant → that → sells ~]입니다.

시내에 가는 버스　　　　　the bus **that goes downtown**
맛있는 스테이크를 파는 식당　　the restaurant **that sells tasty steak**

수식어구는 관계사처럼 긴 문장이 쓰이더라도 꾸며주는 명사와 한 덩어리

로 취급합니다.

이 덩어리에 동사를 연결하면 문장이 되죠.

예를 들어볼게요.

[나를 좋아하는] 여자는 앨리이다.

The woman [who likes me] is Alley.

나는 [심각하고 지루한] 영화를 싫어한다.

I don't like the movie [that is serious and boring].

문장 형태로 보니 정말 긴 문장이 된다는 것을 알 수가 있습니다.

이렇게 긴 문장을 탄생시키는 대표적인 녀석이 바로 관계사이죠.

관계사를 이해할 때는 앞에서 연습했던 것처럼 명사에서 일단 호흡을 끊어 주고 수식어구를 파악하는 연습을 많이 해야 합니다.

쉽지 않은 관계사절이지만 이렇게 간단히 정리해 두세요.

명사를 수식하는 내용이 문장일 때는 관계사절을 씁니다.

목적격 관계사절은 〈명사 + [주어 + 동사]〉 형태이고, 주격 관계사절은 〈명사 + [관계사 + 동사]〉 형태입니다.

혼자 해 보기

1. the woman I like

_____

2. the man I met yesterday

_____

3. the movie she saw

_____

4. the bus I take

_____

5. the food I ate for lunch

_____

ANSWERS
1. 내가 좋아하는 여자   2. 내가 어제 만났던 남자   3. 그녀가 본 영화   4. 내가 타는 버스
5. 내가 점심으로 먹은 음식

6. the woman who likes me

_____

7. the man who works for SK

_____

8. the movie that is serious and boring

_____

9. the bus that goes downtown

_____

10. the restaurant that sells tasty steak

_____

ANSWERS

6. 나를 좋아하는 여자   7. SK에서 일하는 남자   8. 심각하고 지루한 영화   9. 시내에 가는 버스
10. 맛있는 스테이크를 파는 식당

혼자 해 보기

1. 내가 좋아하는 여자

   I / like / the woman

---

2. 내가 어제 만났던 남자

   I / met / the man / yesterday

---

3. 그녀가 본 영화

   she / the movie / saw

---

4. 내가 타는 버스

   take / the bus / I

ANSWERS

1. the woman I like   2. the man I met yesterday   3. the movie she saw   4. the bus I take

혼자 해 보기

5. 내가 점심으로 먹은 음식

   ate / the food / I / for lunch

   _____

6. 나를 좋아하는 여자

   likes / who / the woman / me

   _____

7. SK에서 일하는 남자

   who / the man / for SK / works

   _____

8. 심각하고 지루한 영화

   that / is / the movie / serious and boring

   _____

ANSWERS

5. the food I ate for lunch   6. the woman who likes me   7. the man who works for SK
8. the movie that is serious and boring

9. 시내에 가는 버스

the bus / downtown / goes / that

_____

10. 맛있는 스테이크를 파는 식당

tasty steak / the restaurant / sells / that

_____

ANSWERS

9. the bus that goes downtown   10. the restaurant that sells tasty steak

혼자 해 보기

1. 내가 좋아하는 여자

2. 내가 어제 만났던 남자

3. 그녀가 본 영화

4. 내가 타는 버스

5. 내가 점심으로 먹은 음식

6. 나를 좋아하는 여자

7. SK에서 일하는 남자

8. 심각하고 지루한 영화

9. 시내에 가는 버스

10. 맛있는 스테이크를 파는 식당

ANSWER

1. the woman I like   2. the man I met yesterday   3. the movie she saw   4. the bus I take
5. the food I ate for lunch   6. the woman who likes me   7. the man who works for SK
8. the movie that is serious and boring   9. the bus that goes downtown
10. the restaurant that sells tasty steak

MEMO

MEMO

12시간 만에
끝내는
기초 영문법

지은이	장혜정 • 지니쌤
디자인	이윤정
삽화	박응식
제작	류제양
펴낸이	진혜정
펴낸곳	서울특별시 양천구 목동중앙본로 22길 61 2층 지니의 영어방송국
펴낸날	2022년 5월 16일 초판 제1쇄 발행
전화	010-3199-9496
이메일	englishcast@naver.com
홈페이지	https://www.joyclass.co.kr
등록번호	제1-68호
정가	14,500원
ISBN	979-11-964032-4-9

First Published
Copyright ⓒ 2022 by Heajung Jang, Jin Han